昨日の自分にこだわらない
一歩踏み出す5つの考え方

中谷彰宏

JN162395

セラーズ

今ここに
いるだけで
成功の道にいる

中谷彰宏

あきひろ

カバーデザイン　渡邊民人（タイプフェイス）
本文デザイン　清水真理子（タイプフェイス）

この本は、３人のために書きました。

1　なかなか一歩を踏み出せない人。

2　今、していることが、正しいのか不安な人。

3　一歩を踏み出すための背中を、
押してあげたい人。

一歩踏み出す5つの考え方　目次

第1章　成長するための考え方

第2章 人生を楽しむための考え方

第3章 壁を乗り越えるための考え方

第4章 チャンスをつかむための考え方

第5章 人生を変えるための考え方

第1章 成長するための考え方

01 こんなところで、運を使ってはいけない。

一歩を踏み出すことがなかなかできない人は、「自分は運が悪いのではないか」と考えます。

せっかく頑張ったのに、思いどおりの結果が出ないのです。

10個のうち9個は思いどおりにいきません。

思いどおりの結果が出ないことのほうが、圧倒的に多いのです。

むずかしいことにチャレンジすればするほど、うまくいかなくなります。

簡単なことばかりしているなら、想定どおりの結果になります。

うまくいかない人のほうが、圧倒的にチャレンジしているのです。

うまくいかなくても続けられる人は、心の中で、「こんなところで運を使ってはいけない。自分はもっと大きいところで運を使うのだ」と思っています。
たとえ頑張って、「ここで運が来てくれ」と思っていたとしても、です。
問題なのは、運は増えるのか、それとも量が決まっているのかということです。
その時点においての運の量は決まっています。
仕事運と金運があった時に、金運で運を使った人は仕事運がなくなります。
運は配分です。
金運を使わなかった人は、その分、仕事運が来ます。
自分は、お金と仕事のどちらを得たいのかを選べるのです。
ただし、今日どれだけ頑張ったかで、明日の運を増やすことはできます。
今の時点においては、つまらないところで運を使わないようにします。
運が来たら、それはそれで「運がよかった」と喜べます。
来なかったら、「運を貯金した」と考えればいいのです。

01

今日、工夫して、明日の運を増やそう。

02

君が逃げない限り、道は逃げない。道は君が歩き出すのを待っている。

「道が見つからない」と言っている人がいます。
一歩を踏み出せないのは、一歩を踏み出す道が見つからないのです。
その人は、道が向うからやって来ると思っています。
または、ルーレットのように道が回ってくると思っています。
そんなことはありません。

あくまで、道は待っています。
うまくいかない時は、道が逃げていくように感じます。
逃げているのは、道の前に立っている自分自身です。
相対的に道が離れていくから、道が逃げていくように見えるのです。
道は、ずっと待っています。
はじき返すことなく、来る者を受け入れています。
あとは自分が一歩踏み出すだけです。
自分が逃げない限りは、道が遠ざかることは決してないのです。

02 待たせている道に、一歩踏み出そう。

03
速く走った人は、偉い。長く走った人も、偉い。

フルマラソンに出た人がよく聞かれるのは、「タイムは何分ぐらいですか?」ということです。

タイムを聞くのは、そもそもマラソンに興味がない人が多いです。

世界記録が2時間2分台というのは知っていますが、3時間、4時間と言われても、それがどれくらいすごいのかは、わからないのです。

こういう人は、自分は走りません。

9時間で走った人と、3時間で走った人と、どちらが偉いかです。

9時間で走った人は、3時間で走った人の3倍の時間を走っています。

そのほうが、むしろしんどいです。

レースを3つ分走っているのと同じです。

習いごとで10年続けている人と30年続けている人とでは、30年続けている人のほうが偉いです。

一定の距離を速く走った人は、もちろん偉いです。

一定の距離を長時間かけて走った人も、偉いです。

ゴルフは、たくさん打とうが少なく回ろうが、料金は同じです。

それなら同じラウンドでたくさん打ったほうが、お得です。

「速く走るのが偉い」というのは、小学校の基準です。

社会の基準は、決してそれだけではないのです。

03

長い時間かけて、しよう。

04
「トライ」とは、失敗のあと、続けることだ。今日の必死より、明日のトライ。

「トライ」とは、むずかしいことにチャレンジすることではありません。やってみてうまくいかなかった時に、やり直すことです。

「私はいつもトライしています。でも、なかなかうまくいかないんです」と言っている人は、うまくいかなかった時に、やめてしまって次のことをしています。

本当のトライは、結果が出なかった時に再チャレンジすることです。

再チャレンジからが、トライです。

あきらめてしまったら、「トライしている」とは言えません。

「私のポリシーは、いろんなことにトライすることです」と言っている人は、けっこう必死です。

必死な人ほど、うまくいかなかった時にやめてしまいます。

必死である必要は、まったくありません。

淡々とすればいいのです。

うまくいかなかったら、「次はどうしようか」と考えて、また次の日もそれにチャレンジします。

これが本当のトライなのです。

04

今日頑張るよりは、淡々とやって、明日またトライしよう。

05
神様は、来ないのではない。お土産を買いに行って、遅れているだけ。

「なかなか運が転がり込んでこない」「神様は味方してくれない」と言う人は、旅行をしたことのない人です。

たとえば旅行で飛行機に乗る時に、案内板に「遅延」と書いてあります。

飛行機は、年がら年中、遅れています。

30分遅れなら、30分遅れで「来る」のが遅延（ディレイ）です。

それがわかっているから、みんなは安心して待てるし、暴動にならないのです。

飛行機に乗ったことのない人は、その時間に来ないと、自分の飛行機は永遠に来ないと考えます。
「遅延」という言葉の意味を知らないのです。
実際の仕事でも、結果が出ないと、「結果はもう出ない」と思ってしまいます。
結果にも遅延があります。
むしろ、遅延があるのが当たり前です。
遅延がある時のほうが、大きい結果が出ます。
小さい結果は、すぐ出ます。
大きな結果は、なかなか出ません。
神様は必ず来るのです。
来るか来ないか、わからないということではありません。
ただし、遅れて来るのが神様のクセです
遅れるのは、お土産《みやげ》を探しているからです。
遅れは喜ばしいことです。
お土産がない神様は、すぐ来ます。

それはそれで、喜べます。
どちらへ転んでもＯＫなのです。

05

神様は来ないのではなく、遅れていると考えよう。

06 失敗のレベルを上げよう。

たとえば、フルマラソンで、去年は5キロでリタイアし、今年は10キロでリタイアしました。

同じリタイアでも、5キロから10キロに距離が伸びています。

「今年もリタイアしちゃったんです」と、ガッカリしなくてもいいのです。

来年は、また5キロ延ばして15キロでのリタイアを目指します。

それが人間の成長です。

大切なのは、「成功」を目指すことではなく、「成長」を目指すことです。

「成功」イコール「成長」ではありません。

成長とは、失敗のレベルが上がることです。

去年も今年も5キロでリタイアしたとします。

去年はリタイアしたあとに吐いていました。

今年はバナナを食べていました。これは大きな成長です。

去年はリタイアしたあとにタクシーで帰りました。

今年は地下鉄で帰りました。これも成長です。

成功を目指すより、失敗のレベルを上げることを目指します。

結果が出なくても、「自分は1年間、何をトレーニングしてきたんだろう……」と、ガッカリする必要はありません。

失敗のレベルが上がったことに、自信を持っていいのです。

06

去年より、うまく失敗しよう。

07 今やれることは、いっぱいある。

「何をしていいかわからない。するべきことが見つからない。だから、何もしない」

と言っている人がいます。

今できることは、たくさんあります。

たとえば、やりたい夢を10個書いてもらいます。

その10個の中には、すぐできないこともあります。

場合によっては、一生かかってもできないこともあります。

ただし、すぐできることもあります。

世界一周旅行は、なかなかむずかしいし、時間がかかります。

国内旅行なら、今週でもできます。

今は、安い予算で行ける選択肢がいろいろあります。

「したいことが何もできない」と言う時は、なんとなくむずかしいほうばかり考えて、簡単にできることを何もしていないのです。

そういう人は、「近所のオシャレなお店に一度入ってみたい」と「月旅行してみたい」を、同じレベルで取り上げます。

結果として、その人のしたいことは何も実現できません。

まずは、今、できることをすることが大切なのです。

07

明日のむずかしいことより、今できることをしよう。

08 浄土とは、修行のできる場所のことだ。

誰しも極楽浄土《ごくらくじょうど》に行きたいと思っています。

ひとまとめに「極楽浄土」と言いますが、実は「極楽」と「浄土」は違います。

極楽は、「パラダイス」「天国」「楽しいところ」です。

浄土は、「修行のできる場所」です。

現世で良い行いをしたら、楽しくて修行のできる場所に行けるのです。

面白いのは「楽しい極楽」と「修行のできる浄土」がひとつになっていることです。

浄土から極楽へ行くのではありません。

「極楽」イコール「浄土」です。

修行できる世界が、最も楽しい世界です。

極楽浄土は、はるか西の彼方《かなた》にあるのではありません。

今、勉強や仕事を頑張っている人は、すでに極楽浄土にいます。

どんなに成功して、お金と地位と名声を得た人でも、今、修行していない人は浄土にはいません。

結果、楽しくないのです。

なんとなく、「勉強も仕事もなくなったら楽しいに違いない」と思いがちです。

それは、今それがあるから、その楽しさに気づいていないだけです。

それがなくなったら、少しも楽しくないのです。

08

「うまくいっても、修行できる場所を持っておこう。」

09 雨の日の新聞が、濡れていないすごさに気づく。

幸福感とは、ありがたみを感じることです。

ありがたみには、

① 明らかに「ありがたい」と感じること

② ありがたみに気づかないこと

の2通りがあります。

ありがたみに気づかないと、「ありがたい」とは感じません。

たとえば、雨が降った日に、新聞がビニールに入って届きます。

これはありがたいことです。

そもそも毎日、朝早く同じ時間に新聞が届くこと自体、ありがたいことです。

こんなITの時代でも、新聞は人の手で運んでいるのです。

新人君もいるだろうに、間違わないで届きます。

5分届かないだけで、「来ないんですけど」と販売店に電話をかけたくなってしまうぐらいです。

不思議なのは、時々、雨が降っているのに、ビニールに入っていない新聞が濡れていないことです。

それは新聞配達の人が、ビニールをかけなくても濡れない工夫をしてくれているのです。

このありがたみに気づけないと、新聞が毎日届くありがたみにも気づけなくなります。

裏を返せば、その人は気づかれずに相手に何かをすることができなくなります。

気づかれないありがたみに気づけるようになると、自分がコツコツ努力していることを相手に気づかれなくても、ムッとしないでいられます。

むしろ、気づかれないことが誇りになっていくのです。

09

見えにくい ありがたみに気づこう。

10 好きではないことをすることで、好きではないこともできる力がつく。

仕事で、好きではないことをさせられることがあります。
自分は、好きなことをしたいのです。
本を読むと、「好きなことをしなさい」とよく書いてあります。
うまくいっている人は、「好きなことだけしてきました」と言って幸せそうです。
にもかかわらず、自分は好きでもないことをさせられています。
その時に、どう考えるかです。
うまくいっている人は、好きなことだけしているわけではありません。
好きなことの前に、好きではないこともしています。
好きではないことでも、気にならない力がついているのです。

社会に出ると、好きでなくてもしなければならないことは、たくさんあります。

好きなことをするために、その途中で好きではないこともするのです。

10個のうち、好きな部分は1個です。

残り9個は、その1個をするためにしなければならない、好きではないことです。

好きなことしかしてこなかった人は、好きではないことをする力がついていないのです。

今、好きではないことをしているのは、決してムダではありません。

それをすることで、好きではないことでも平気でできる力がつくのです。

チャンスは「好きではないこと」の中にたくさんあります。

好きではないことを一生懸命していると、好きなことができるチャンスが転がり込んでくるのです。

10

好きではないことをすることで、好きではないことをする力をつけよう。

11 パリに行くためのバイトへの道は、パリへの旅だ。

「パリに行きたい」と言う時に、どこからがパリ旅行なのでしょうか。
空港の先からがパリ旅行ではありません。
家から空港へ行く道もパリ旅行です。
パリに行くためのスーツケースを買いに行くのもパリ旅行の中に入ります。
パリに行くためにコンビニでアルバイトするのも、パリへの道の一部分です。
単なるコンビニへの道ではありません。
「パリは好きだけど、アルバイトは嫌」と言うのはおかしいのです。
パリへの道は、1本の道でつながっています。
そう思うと、今からバイトに行くのが楽しくなります。

好きな女性に指輪を買うための夜中の道路工事のアルバイトも、デートへの道につながっているのです。

サッカーの中田英寿《なかたひでとし》選手は、いつかはイタリアのセリエAに行きたいと、イタリア語講座に通っていました。

その時に、ドイツ語もスペイン語も英語も習いました。

チームメイトは世界中から集まってきます。

その選手たちと、コミュニケーションをとる必要があるからです。

語学学校へ行く道も、すべてセリエAへの道につながっていたのです。

11

すべての道が夢につながっていると考えよう。

12 病気が治ったらしたいことは、治る前にしたっていい。

ギャレス・マローンという音楽家がいます。

ギャレスさんは、『ブレスレス・クワイア』という楽団を結成しました。

これは、呼吸器に障害を持つ人たちの合唱団です。

障害があればあるほど、歌いたいという情熱が強くなります。

鼻に管を入れている人たちなので、話すたびに咳《せき》が出ます。

映像を見ると、初日の練習は、ワンフレーズ歌うだけで咳だらけです。

集まった人も、「先生、この企画は無理です」と笑っていました。

メンバーは、9・11の救助で、肺が焼けて呼吸器に障害が残った元消防士さんといった人たちです。

彼らはトレーニングしたあとに、アポロシアターでコンサートを開きました。
ちゃんと歌えているのです。
通常は、「病気を治す」→「健康になる」→「夢を実現する」という順番です。
実際は、そんなことはないのです。
病気のままでも、障害があっても、夢を実現することは可能です。
ここに感動が生まれるのです。

12

夢を実現するのに、待たなくていい。

13 不合格ではない。未合格なだけだ。

受験や採用試験で、不合格になって落ち込むことがあります。
実際は不合格ではなく、未合格です。
不合格は、「通らない」ということです。
未合格は、「まだ通っていない」ということです。
不合格と未合格は圧倒的に違うのです。
失敗も、「不成功」ではなく「未成功」と考えます。
1回失敗したから、永遠にダメということはありません。
1回失敗することによって、むしろ次に成功する確率は圧倒的に高くなります。
「こうしたらうまくいかない」ということが、わかっているからです。

今は、ビッグデータの時代です。

ビッグデータでは、これまで10回失敗した人が11回目に成功する確率は限りなくゼロです。

ところが現実は、10回失敗した経験からいろいろ学んでいます。

そうした経過は、データには残らないのです。

たとえば、ある人が本を10冊出しました。

どれも売れませんでした。

だからといって、11冊目も売れないということはありません。

「こうしたら売れない」ということが、なんとなくわかってきます。

コツをつかんで、11冊目でブレークするのです。

そのほうが、1冊目より圧倒的にレベルが高くなります。

過去の自分のデータに、負けてはいけないのです。

13

失敗ではなく、未成功と考えよう。

14

優しくされると不満が生まれる。厳しくされると幸せに気づける。

今は昔に比べて、サービスがどんどんよくなっています。
かつては、2~3日で商品が届けば早いほうでした。
それが翌日になり、当日になり、1時間後に届くようになっています。
にもかかわらず、クレームが増えているのです。
サービスが悪いとクレームが増えて、サービスがよくなるとクレームが減るならわかります。

それとは逆の現象が起こるのです。

恋愛関係でも、同じことがあります。

相手に優しくすればするほど、プレゼントを買えば買うほど、フラれるのです。

世の中が成熟してくると、サービスはよくなります。

サービスがよくなってクレームが増えるのは、サービスがいいのが当たり前になるからです。

人生においても、自分が幸せを感じたいなら、優しくされすぎないことです。

優しくされすぎると、優しさに甘えるようになります。

むしろ厳しくしてもらったほうが、幸福感が湧《わ》いてきます。

厳しさの中の優しさに、気づけるようになるからです。

今、世界中に不満を持っている人たちが大勢います。

その数は、どんどん増えています。

それは、世の中が幸せになったからです。

自分が頑張らなくても誰かがなんとかしてくれる状況になればなるほど、不満が生じます。

その不満が、たとえば選挙の意外な結果になったり、炎上を起こすのです。

不満が起こるのは、そこそこの豊かさが生まれているからです。

人間関係において、自分が人に接する時も、人が自分に接する時も、優しくされることが当たり前になると幸せを感じなくなります。

厳しくしてくれる人がいるのは、幸せなことなのです。

14

厳しくされる人にしがみついていこう。

15

野球で教わったのは、ハーフスイングより、空振りがいいこと。そして審判へのお辞儀を忘れないこと。

私は父親から野球を教わりました。
野球を教わったというより、野球を通して生き方を教わったのです。
野球で大切なことは2つあります。
1つは、ハーフスイングをしないことです。

父親には、「思いきり振って、空振りしろ」と言われました。

野球で一番みっともないのがハーフスイングです。

ハーフスイングをするぐらいなら、空振りのほうがまだマシです。

ハーフスイングは、たとえストライクをとられなくても、塁には出られません。

フルスイングなら、たまたまバットにボールが当たって、ホームランになったりヒットになることがあります。

そこにチャンスがあるのです。

ハーフスイングに、チャンスはありません。

ただ自分を守っているだけです。

ハーフスイングのクセをつけた人は、フルスイングができなくなります。

フルスイングとは、ハーフスイングを捨てることなのです。

もう1つ大切なのは、審判にきちんと挨拶をすることです。

審判に嫌われてはダメです。

大谷《おおたに》翔平《しょうへい》選手は、高校1年生の時に、「自分がするべきこと」として、「運を強くする。そのためにするべきことは、審判に感じよくすること」と書きました。

高校1年生で、これはすごいです。

審判には、バッターボックスに入ったら帽子をとって、きちんと挨拶します。

サッカーで最も使えない選手は、審判に文句を言って退場になる選手です。

退場になると、11対10で戦うことになります。

選手の補充はできません。

そういう選手は、次からは呼んでもらえなくなります。

代表選手からも、はずされてしまうのです。

15 バットは思いきり振って、マナーをよくしよう。

16 与えられるのが「意味」。自分で見つけるのが「意義」。

仕事や練習をする時に、「なんのためにするんですか。意味がわからない」と言う人がいます。

これが一番やりがいが見つからないパターンです。

「仕事のやりがいが見つからない」と言っている人のほとんどは、それをする意味がわからないのです。

この時、「意味」と「意義」の勘違いが起こっています。

「意味」は、人から与えられるものです。

「意義」は、自分で見つけるものです。

「これをして意義があった」「この失敗には意義があった」というのは、自分で何かを見つけたのです。
「意味」という言葉を使うのは、誰かに文句や不満を言う時です。
「そんなことをしてなんの意味があるんですか」と言うのです。
上司やお客様のせいにする時に、「意味」という言葉を使います。
意味なんて、いらないのです。
意味を人から与えられることはありません。
唯一できるのは、意義を自分で見出すことなのです。

16

人から「意味」をもらうのではなく、自分で「意義」を見つけよう。

17 トライとは、面倒くさいことから逃げないこと。

自分に手が届かないことをすることが、トライではありません。

トライには、「勇気がいること」というイメージがあります。

トム・クルーズが映画『ミッションインポッシブル』でしているような、様々なチャレンジを「トライ」と思い込んでいるのです。

現実では、トライは地味で面倒《めんどう》くさいことをすることです。

仕事から逃げているのは、勇気がいるからではなく面倒くさそうだからです。

クレームのお客様から逃げようとするのは、お客様が怖いのではありません。

面倒くさそうで、手間がかかりそうで、時間がかかりそうだからです。

敗戦処理は、それをしたからといって評価は得られません。

「労《ろう》多くして功《こう》少なし」です。

逃げたくなる気持ちは、わからないでもありませんが、骨折損《ほねおりぞん》のようなことにこそ、チャレンジしていくのが「トライ」です。

実際、勇気が必要なことをするのに、ストレスはそれほどかかりません。

それがむずかしいことは、みんなわかっているからです。

メンタルの弱い人は、わざとむずかしいことにチャレンジします。

「失敗しても仕方ないよね」という言いわけが立つからです。

ルーレットで言うと、数字に1点賭けするのは、あまり勇気はいりません。

一番ドキドキするのは、赤黒に賭けることです。

クイズ番組も、2択の◯×問題が一番むずかしいのです。

テレビのコマーシャルの仕事は、派手で、みんなから評価されます。

それは大ぜいでする仕事です。

私は博報堂時代、ラジオの仕事が好きでした。
ラジオのコマーシャルをつくる仕事は、とにかく手間がかかります。
「手間がかかる」「利益が小さい」「評価が低い」と、3拍子そろっています。
これが自分の中では一番いい勉強になりました。
みんなは逃げて外注していました。
私は、あえてそれにトライしました。
そのことが、チャンスにつながったのです。

17

面倒くさいことにトライしよう。

18 強みは「まさか」から出る。

「自分の強みは何か。どうしたら見つけることができるのか」と考える人は、むずかしいことにチャレンジしようとしています。

実際、強みは想定外のことに出会った時に見つかります。

「自分は、こういうことができるんだな」と、初めてわかるのです。

マニュアルをどんなに覚えても、マニュアルの中に強みはありません。

「自称強み」は、それほど強みではないのです。

初めてすることで、できるかどうか自信がない、やってみなければわからないことがあります。

それを無理やりやらざるを得ないところへ、無茶《むちゃ》ぶりされます。

その時に、「意外にできるな」と思えることが、強みです。

それは、逃げられない状況に追い込まれて、たまたまできたことです。
いわゆる「火事場のバカ力」です。
追い詰められて修羅場をかいくぐる中で、初めて強みは生まれます。
事前に強みを認識することはできません。
「私はこれが得意だ」ということは、強みではありません。
「意外と嫌じゃない」ぐらいの感覚のものが、その人の強みになるのです。

18

強みを見つけるために、
修羅場から逃げない。

19 慰められて止まるか、鍛えられて成長するか。

うまくいかなかったり失敗した時に、まわりの対応は、

① 慰める
② あえて厳しいことを言う

という2通りに分かれます。

慰められたら、その人の成長はそこで止まります。

失敗したことに対してあえて厳しく、なぜうまくいかなかったのか、今後どうしたらいいのかを見て見ぬふりをしないで、それを材料に鍛え上げていく時にその人は成長していくのです。

仲よしの友達の中にいると、「仕方ないよ」と慰めてくれます。

慰めてくれる人は世の中にたくさんいます。

その中に逃げ込むことは簡単です。

一方で鍛えてくれる人、厳しいことを言ってくれる人は少ないのです。

しかも自分からその人にしがみついていかない限りは、向こうからダメ出しはしてくれません。

慰めを選ぶか、成長を選ぶかという選択肢になるのです。

19

厳しい言葉を、求めよう。

20 ダウンして、立ち上がる時に成長する。

ボクシングは、勝った時に成長するのではありません。

ダウンして立ち上がる瞬間に、その人は成長していきます。

私は、ボールルームダンスを花岡先生に17年習っています。

デモンストレーションの前は、みんな一生懸命練習します。

もちろん、デモンストレーションがあるから、よりハードに練習をすることで成長するということもあります。

ただし一番成長するのは、本番のあとです。

本番で、「あそこはこうすればよかった」「ここはこうすればよかった」「自分はここが足りない」ということを目の当たりにします。

そして、「なんでうまくいかないのか」「今度はもっとうまくやりたい」と考えます。

何ごとも、本番のあとが一番成長するのです。

そのチャンスを活かす人と活かさない人がいます。

本番で失敗した時点では、個人差はそれほどありません。

本番で失敗したあとに、成長していく人と、せっかくのチャンスを活かせない人とに分かれます。


人間は、失敗したあとに成長していくのです。

20 ダウンして、立ち上がろう。

21 壁に当たったら、その道が正解。

壁にぶつかっている時は、「こんなに壁にぶつかるのは、自分のしていることが間違っているのではないか」と心配になって、うしろに戻りたくなります。

あるいは立ち止まったり、次の一歩が踏み出せなくなるのです。

私は、いろいろな人の相談を受けます。

世の中で成功していて、「あの人もこんなに悩むんだ」と思うような人からの相談も受けます。

そこからわかることは、壁に当たるのは正しい道だということです。

成功している人のほうが壁に当たります。

前を走っている人のほうが壁に当たります。

21

壁の多い道を行こう。

今走っていてひとつも壁に当たらないとしたら、その道は間違っています。

または、成功からかなり遠いところにいます。

壁が多ければ多いほど前に進んでいて、より成功の近くにいるのです。

壁は均等にあるのではありません。

成功に近づけば近づくほど、壁が多くなります。

成功から遠ければ遠いほど、壁は少なくなります。

私自身の体験でも、「壁が増えてきた、ということは、もう間もなく成功だな」ということがわかります。

今、自分が壁に当たっているとしたら、それは正しい道を歩んでいるからです。

第2章

人生を楽しむための考え方

22 「楽しそう」を選ぶか、「楽しかった」を選ぶか。

「楽しそう」が口グセの人の人が多いのです。
そういう人は、「楽しかった」とは言いません。
「あの仕事は楽しそう」と言って、仕事を転々と変えるのです。
「楽しい」は、今ココの話です。
「楽しそう」は、あそこの話です。
「楽しい」は「楽しかった」ということです。
実際にしてみると、大変だったけど楽しかったのです。
「楽しそう」と言う人は、今まで自分がしていないことばかりを探します。
実際にそれをしてみた時に、「楽しそうに見えたけど、意外に地味だった」「意外にむずかしかった」「思ったのと違った」と言うのです。
「楽しそう」のあとには、うしろにネガティブな文言《もんごん》がつきます。
「楽しそう」と「楽しかった」とは、大きく違います。
大切なのは、実際にしてみることです。
「楽しかった」と言う人は、「楽しそう」とは言わないのです。

22

「楽しかった」を選ぼう。

23 面白いものを探すのではない。面白がるのだ。

「最近、何か面白い本はないですか」という質問をする人は、本をあまり読まない人です。

「最近、何か面白い映画ありますか」と言う人は、あまり映画を見ていない人です。

中谷塾では『映画塾』という講座があります。

最初は、みんなのためになるような映画を探しました。

やがて、その必要はなくなりました。

どんなB級映画でも、見ると2時間ぐらい話せます。

面白いところだらけで、「よくできているな」と思います。

映画に興味のない人は、名作とか面白い映画ばかり探します。

私が映画を勉強していてよかったことは、どんな映画を見ても、その中に面白さを感じられることです。

これが「面白がる力」です。

絵を描く時に、きれいな景色を探すと、絵はがきと同じアングルになります。

どこのアングルを切り取っても、そこに美を見出せるのが絵心です。

面白いものを探している人は、みんなと同じになります。

その人は面白いものを探すだけで人生が終わります。

そして結局、面白いものには出会えません。

それよりも、面白がることのほうが大切です。

面白くないものを、いかに面白がれるかです。

そのほうが人生を楽しめます。

クレームのお客様が来ても、仕事ができない人が来ても、「面白いねえ」と、楽しめるのです。

23

面白くないものも、面白がろう。

24 迷いは、「目的」と「好み」のブレで起こる。

「迷っているんです」と言う人は、「目的」と「好み」の軸がブレています。

目的と好みが一致するとは限りません。

時には真逆なこともあります。

「好きなことをしたいのに、それでは食べていけないんです」と言う人は、食べていくことが目的になっています。

「食べていくためには、好きかどうかは関係ない」。または、「好きなことができるなら、食べていけなくていい」と言う人には、ブレがないのです。

「好きなことをしながら食べていきたい」と言うのは、好みと目的がブレています。

「私は食べていけなくていいんです。でも、有名にはなりたいし、評価を得たい」

という人も出てきます。

好きなことでは、評価を得られません。

「評価を得る」というのは目的です。

その人は、「評価を得るためなら、嫌なことでもする」と言う人に勝てません。

目的を選ぶか、好みを選ぶかのどちらかです。

たとえば商品を売る時も、自分の好みをとるか、売上げを上げるとか社会に役立つという目的をとるかです。

「好み」と「目的」を混ぜてはいけないのです。

24 「目的」と「好み」を分けよう。

25 正しいと思うことは、51対49でしかない。

「自分は正しいことをしていると思っていたのに、みんなから非難ごうごうで炎上する。どういうこと？」と思っている人がいます。

その人は、「正しい100」があると思っているのです。

世の中に、「正しい100」はありません。

「正しいものを選びなさい」というのは、小学校のテストまでです。

世の中にある「正しい」と言われているものは、「51」です。

51対49でしかないのです。

実際、差は「1」です。

いつ入れかわってもおかしくありません。

自分は「100」だと思っているから、相手に「それは違う」と言われた時にビックリするのです。

情報化社会では、価値軸が同じ人たちで集団を形成しています。

昔は距離の制限がありました。

情報化社会では距離の制限がなくなります。

地球の裏側まで、自分と同じ意見の人たちを探すことができます。

自分と100パーセント同じ意見の人間同士だけで生きていけるのです。

ひと昔前までは、隣の家の人が真逆の考えということもありました。

身近な人たちの中にも、考え方の違う人はたくさんいます。

「あそこのジジイは頑固ジジイだから仕方ないな」と思っていました。

情報化社会では、「100」同じ意見だと思っていた人が「1」違ったということで炎上します。

「1」違うだけで、「エッ、どういうこと?」と思うのです。

しょせん、自分の「正しい」は「51」にすぎません。

「49」でも間違っていると思わなくていいのです。
僅差《きんさ》で正しいと思っているだけです。
相手も、しょせん「51」です。
結果、「51」対「51」の戦いでしかないのです。
そう考えれば、イライラしないですむのです。

25

「正しい」なんてないと考えよう。

26
君は、生きているのではない。生かされているのだ。

「自分が生きている意味がわからない。何のために、何をしに生まれてきたのか。生きていることが何かの役に立っているのかよくわからない」と、悩む人がいます。

いいかげんな人は、こんなことは考えません。

一生懸命で、まじめな人ほど悩むのです。

この時、「生きている」のではなく、「生かされている」と考えます。

そうすれば、「私は生きていて意味があるのだろうか」と、悩むことはなくなります。

もし意味がなければ、すでに死んでいるはずです。

神様は意味のない人を生かし続けることはありません。

生きているということは、何かの意味があるのです。

それにまだ気づいていないだけです。

「自分の力で生きている」と思うと、よけいに、「生きている意味があるのだろうか」と悩み始めます。

「誰かを助けるために、今、自分は生かされている」と考えれば、そこに何がしかの生きている意味を見出せるのです。

26

「生かされている役割」を自分で見つけよう。

27 勝ち続けない者が強い。

世の中には、「勝ち続ける人が強い」という思い込みがあります。

勝ち続けている人ほど、1回負けるとポキッと折れてしまいます。

「あんなに勝っていたのに、ここで負けた。もう自分は終わった」と思うのです。

これは優等生によくある挫折《ざせつ》の形です。

「一流中学」→「一流高校」→「一流大学」→「社会に出て挫折」というパターンは、負けたことのない人が初めて負けることの弱さです。

本当に強い人は、勝ったり負けたりしてきた人です。

日本の戦国時代の小説や中国の『三国志』が面白いのは、勝ったり負けたりするからです。

劉備《りゅうび》にしても曹操《そうそう》にしても、負け戦《いくさ》が思いのほか多いのです。

これが強いということです。

ボクシングジムの会長は、マッチングで対戦相手を選べます。

世界チャンピオンに育てたい選手には、まず、自信を持たせるために勝てる相手と組ませます。

そして、次は10回のうち2回は負ける相手と組ませます。

そうすれば、その選手は強くなっていきます。

勝てる相手とばかり戦っていると、弱くなります。

仕事も、うまくいったり、いかなかったりします。

だから仕事をするだけで、その人は強くなるコースを歩んでいるのです。

27 格上に、挑もう。

28
清書のコツは、力まないこと。落書きのつもりで書く。

書家にしても、画家にしても、マンガ家にしても、下書きでは一流と二流の差はつきません。

差がつくのは、清書です。

一流のアーティストは、清書に力みがありません。

二流は、清書で力んで線が震えて、下書きの伸びのび感がなくなります。

二流は、下書きのほうがうまいのです。

一流は、清書を下書きのように力みなく書くことができます。

芸術の中で一番いい絵は、落書きです。

どこまで落書きのタッチにできるかです。

一流の画家の落書きは、力みがなくてうまいのです。

落書きでも、デッサンが狂わないようにトレーニングをしているからです。

デッサンの基礎のない落書きは、ただの落書きです。

清書の時に力むと、いいものはでき上がりません。

一流は、清書の時に何も考えていないのです。

マンガは、「アタリ」と言って、下書きを鉛筆で書きます。

清書の時は、アタリはまったく無視です。

アタリの上をなぞらないで、それよりもっといい線を引くのです。

二流は、下書きよりも清書のレベルが下がります。

一流は、下書きよりも清書のレベルがさらに上がります。

落書きのように、まったく力まずに書けるからなのです。

28

本番で、力まない。

29 寝る前の顔が、翌朝の顔。

今日の自分の顔は、前の晩に寝た時の顔です。
どんな顔で寝ているか、自分ではわかりません。
ほとんどの人が、眉間《みけん》にシワを寄せて寝ています。
「眉間にシワが寄っているよ」と言うと、「そんなことはない」と否定します。
本人は気づかないのです。
手をグーに握っているのは、自分でもわかります。
眉間にシワが寄っているのは、鏡を見てもわかりません。
鏡に写った顔は、つくった顔だからです。
その顔は、外ではしていないのです。
寝る時に今日の嫌なことを思い出し、明日の嫌なことを思い浮かべると眉間にシワが寄っていきます。

その顔で7時間寝ると、そのまま固まって、起きた時の顔がその顔になるのです。

いい顔になりたければ、眉間にシワを寄せないで笑顔で寝るようにします。

一緒に寝ている人がいるなら、その人に「眉間にシワが寄っているよ」と指摘してもらえばいいのです。

29 世界一幸せな顔で、寝よう。

30 昨日の自分は、すでに前世の自分。

「生まれ変わったら○○したい」と言う人は、「定年退職になったら好きなことをする」とか、「来年こそはなんとかしたい」と言っている人と同じです。

「生まれ変わる」ということを、「今ココ」の中に感じていないのです。

前世の話を聞くのが好きな人は、たくさんいます。

占いで、「前世はお姫様」と言われると、大喜びです。

「前世はつらかった」と言われたら、「だから、今もつらいんだ」と納得します。

実際の前世は、昨日の自分です。

「昨日の自分」と「今日の自分」に連続性はありません。

昨日の自分に引きずられる必要は、まったくないのです。

生まれ変わるのは、80年の人生を終えてからではありません。

前世の話と来世の話が好きな人は、昨日の自分、明日の自分と今日の自分の切りかえ方を間違えています。

昨日の自分は、今日、生まれ変わることができるのです。

今日、生まれ変われるのです。

30

昨日の自分にこだわらない。

31 うまくいかない時こそ、大きなものが残る。

うまくいかなかった時に、

「やって損した」

「やった意味がなかった」

「時間をムダにした」

「お金をムダにした」

「努力をムダにした」

と思うと、モチベーションが下がります。


結果には、「見える結果」と「見えない結果」があります。

見える結果が出ない時は、見えない結果がたくさん出てきます。

努力と工夫の総量が、すべて結果になるのです。

努力が多くて結果が少ないのは、見える結果が少ないというだけです。

見える結果が小さい時は見えない結果が大きく、見える結果が大きい時は見えない結果が小さいのです。

「儲かった」とか「世間の評判を得た」というのは、見える結果です。

「結果が出ない」と言う人は、見える結果を意味していることが多いのです。

それよりも、見えない結果を見ていくことです。

見える結果が大きくても小さくても、どちらも喜んでいいことなのです。

31 うまくいかない時こそ、お土産を持ち帰ろう。

32 「これ、試験に出ますか？」と聞かない。

習いごとには、試験と昇級テストがあります。

試験の前に、「これは試験に出ますか？」と聞く人がいます。

これも優等生に多いパターンです。

子どもの試験は、試験日と範囲が決まっていて、満点は１００点です。

大人の試験は、まず試験日がわかりません。

「最近、試験がないな」と思っていたら、いきなり「明日」と言われます。

極端な例では、「昨日のあれが試験だった」ということもあります。

試験かどうかが、はっきりしないのです。

大人の試験は範囲もありません。

つまり、全部が範囲です。

準備のしようがありません。

だから、いつ試験でもいいように準備をしていた人の勝ちです。

得点も、100点満点ではなく、100万点満点です。

何かを教わった時に、「これは試験に出ますか?」と言っている時点でチャンスを逃がします。

その人は、なんとなく合格点をとろうとしています。

それよりは、自分の過去最高点を目指すことのほうが大切です。

100万点満点なので、しょせん100万点はとれません。

自分の過去の記録を自己更新するしかないのです。

小学校では、「ここは試験に出るよ」とか、「今から試験を始める」ということを教えてくれました。

大人社会でのテストは、いつ何が出るかわかりません。

「あれが実はテストだった」というパターンが多いのです。

32

今日試験でも、あわてない準備をしておこう。

33 お墓参りができなくても、思い出すことが供養になる。

まじめな人は、「仕事が忙しくて、なかなかお墓参りができない」と言います。

一番の供養《くよう》は、お墓参りすることではありません。

亡くなった人を思い出すことです。

都会に出て来て、実家のお墓が遠い人もいます。

仕事をほったらかしてでも、お墓参りすることを亡くなった親が本当に喜ぶかということです。

それは親の価値観です。

生前、親と価値観の共有ができていないと、お墓参りができないからとクヨクヨするのです。

私は迷いがありません。
お墓参りに来ないということは、仕事を頑張っているということです。
それでいいのです。
「親はこう言っているだろうな」と感じられることが、大切です。
たとえば、締切に遅れた作家が編集者に菓子折を持って謝《あやま》りに来ました。
編集者は、「お詫《わ》びの時間があるなら、その時間で書いてくれ」と思います。
それと同じです。
一生懸命働くことが祈りであり、思い出すことが供養になります。
お墓参りに行けなくても、クヨクヨする必要はないのです。

33

お墓参りのつもりで、仕事をしよう。

34
弱い相手に勝つより、強い相手に負けろ。

負け星が続くことがあります。

大切なのは、負け星の中身です。

弱い相手にいくら勝っても、その人間は強くなりません。

強い相手に負ける時に、初めて成長していきます。

スポーツでも仕事でも、レベルの高い相手と一緒にすることで、自分のレベルも上がります。

ゴルフは、うまい人と回るといいスコアが出ます。

芝居も、うまい人と共演するとうまくなります。

そのかわり、打ちのめされます

強い相手と将棋をすると、コテンパンにやられます。

ただし、強くなります。

一流の厳しい人と一緒に仕事をすることによって、知らずしらずのうちに自分も仕事ができるようになります。

そのかわり、連戦連敗です。

それでも、ただ勝ちたいのか、強くなりたいのか、どちらを目指すかということなのです。

34 強い相手に、負けよう。

35 幸せは、目標ではなく結果だ。

「どうしたら幸せになれるんですか?」という質問をする人は、永遠に幸せになれません。

幸せの定義は、「幸せを忘れている」ということです。

「幸せ」という言葉を頭の中に連想している時は不幸な時です。

『赤色エレジー』という曲に、「幸子の幸はどこにある」という歌詞があります

「幸せになりたい」とか、「私の幸せはどこにあるの」とか、「幸せ」という言葉を使う時、人間は幸せにはなれないのです。

やりがいのある仕事をしている時は、やりがいは感じません。

必死だからです。

「こんな仕事を受けるんじゃなかった」と思っているぐらいです。

あとから思い出して、「でも、楽しかったね」と思えることが、やりがいです。
幸せを目標にする人は幸せになれません。
「幸せ」という言葉をすっかり忘れているのが、最も幸せな状態です。
幸せは、あとから振り返って得られる結果にすぎません。
結果は、自分で操作できないことです。
操作できないものをあれこれ考えても、頭の中にストレスしか残らないのです。

35
幸せを目標にしない。

36 魔物がいるところには、神様もいる。

「甲子園には魔物が棲《す》む」「ワールドカップに棲む魔物」などと、よく言われます。

魔物とは、すべて人の心が生み出しているものです。

本来、魔物はいないのです。

これが心理学の考え方です。

「ワールドカップには神様がいる」とは言いません。

魔物がいるということは、本当は神様もいるのです。

魔物と神様はセットです。

「魔物がいる」ということは、「魔物も、いる」ということです。

すべてが魔物というわけではないのです。

お客様の中にも、上司の中にも、会社の中にも魔物はいます。
「魔物がいれば神様もいる」と考えると、バランスがとれるのです。

36

魔物を自分でつくらない。

37 人生は、神様からのクイズだ。

「トラブルばかりなんですよ。お祓《はら》いに行ったほうがいいでしょうか」と言う人がいます。

人生は、クイズ番組です。

次から次へとクイズが出るのが「クイズ番組」です。

むずかしい問題も出ますが、クイズ番組は視聴率が高いです。

むずかしい問題が出題されて、「ああ、あれなんだったかな」と答えられない時に、クヨクヨする人はいません。

出演者がクヨクヨしていると、見ている人もクヨクヨしてしまいます。

「トラブル」という言葉を使うからクヨクヨするのです。

「クイズ」と言うと、クヨクヨしないで楽しめます。

言葉の語感が違うだけです。

「クイズ」と「トラブル」は同じなのです。

何かトラブルが起きたら、「出た、神様のクイズ！」と思うことです。

クイズにはチャンス・タイムがあります。

「これ、答えると一気に20ポイント上がるんだよね」と受け止めていくと、トラブルも楽しくなります。

「またトラブルなんですよ」と言うかわりに、「またクイズなんですよ」と言えばいいのです。

37

神様のクイズに早押ししよう。

第3章

壁を乗り越えるための考え方

38 行き止まりではない。扉だ。

行き詰まっている人は、人生を迷路のように感じています。

人生の迷路の行き止まったところは、実は壁ではなくて扉です。

扉だと知らない人にとっては、扉が壁に見えるのです。

「おしてもだめならひいてみな」という歌は、作詞家の星野哲郎《ほしのてつろう》さんがスナックで思いついたそうです。

ある時、星野さんがスナックでトイレに行きたくなりました。

トイレの扉があかなくて、「トイレ、あかないよ」とマスターに言うと、「押してもダメなら引いてみな」と言われたそうです。

押してあける扉だと思っていたら、引くドアだったのです。

引き戸も、「あかない」と一回思ってしまうと、なかなかあけられません。
「カギがかかっている」と諦《あきら》めてしまうのです。
スナックでは、「持ち上げてください」という扉がよくあります。
建てつけが悪くなって傾《かたむ》いた扉です。
お店の扉をあけられずに困っていると、「少し持ち上げながらあけてください」。
「あ、こうするのか」と、簡単なコツであいた時は恥ずかしくなります。
人生も同じです。
行き止まりに見える壁は、すべて扉なのです。

38

行き止まりの扉を探そう。

39 壁ではない。階段だ。

「壁だ」と思うのは、近くに寄って見ているからです。
壁だと勘違いした人は、叩《たた》いたりします。
虫にとっては、階段も壁です。
虫は2次元で生きているからです。
2次元で生きるか3次元で生きるかで、とらえ方は変わります。
行き止まりと感じる人は、2次元で生きているのです。
3次元で見れば、縦・横・高さがあるので「階段」だとわかります。
階段を叩く人はいません。
階段は上《のぼ》るものだからです。

目の前に階段があるということは、より高い段階に成長するチャンスが生まれたということです。

「これを上れば上に上がれるんだな」と考えれば、壁にぶつかることへの恐怖感はなくなるのです。

39

壁を階段にして上ろう。

40 トレーニングが、結果に出る。トレーニングにどんでん返しはない。

「トレーニングしていたのにうまくいかなかった」

「トレーニングしてなかったのにうまくいった」

というのを「どんでん返し」と言います。

ところが、トレーニングにどんでん返しはありません。

トレーニングしている人間はその結果が出て、トレーニングしていない人間は、していないことの結果が出ます。

たいていの人は本番で頑張るのです。

本番でどんでん返しを期待しているからです。

本番に、どんでん返しはありません。

ＴＯＥＩＣには、「慣れれば点数が上がる」という都市伝説があります。

実際は、ＴＯＥＩＣの点数は、その人の文法力でドンピシャに決まります。

６００点、７００点、８００点、それぞれの壁を越えられるかどうかは、その人の文法力できちんと結果が出ます。

「慣れれば点数上がるんだよ、あんなもの」と言う人は、勉強することをやめているのです。

ＴＯＥＩＣの勝負は文法力です。

文法は、一番ベーシックな力です。

小手先ではどうしようもありません。

ベーシックの勉強は、一番面倒くさいのです。

家を建てる時と同じです。

小手先でなんとかしようとする人は、基礎工事よりも外側ばかりにお金をかけてグラグラした家ができ上がるのです。

40

小手先より、基礎工事をしよう。

41 結果が違うのではない。ふだんが違うのだ。

うまくいっていない人が、うまくいっている人のマネをすることは正しいです。

ただし、マネをするポイントに差が生まれます。

うまくいく人は、うまくいっている人の「原因」をマネします。

うまくいっていない人は、うまくいっている人の「結果」をマネします。

堀江貴文《ほりえたかふみ》さんが、ふだんどこでごはんを食べているかということをマネしても、ベンチャー企業の経営者にはなれません。

それは、堀江さんが経営者になった結果だからです。

マネをするポイントは、どれだけ堀江さんがふだんの勉強をしているかというところです。

毎日どれだけハードワークをこなしているか、どれだけ自分に負荷をかけているかということが大切なのです。

先日、私は、ミス・インターナショナルの審査員として、入賞者にティアラを渡すプレゼンテーター役で最後にステージに上がりました。

その会場に私のダンスの先生の花岡浩司《はなおかこうじ》先生がたまたま来ていました。

翌日、「昨日行ったんだよ」と言われて、「ヤバい。先生が見ていたんだ。僕はステージでちゃんと歩けていたかな」とヒヤッとしました。

花岡先生は、一緒に行った人に、「ほら、中谷さんはここにいる人たちと全然違うでしょう」と言いました。

一緒に行った人が、「中谷さんはほかの人たちと何が違うんですか?」と花岡先生に聞きました。

その人は、今ステージ上で起こっている何かの違いをマネしたかったのです。

その時に花岡先生は、「ふだんかけている負荷が違う」と答えたそうです。

ステージ上で結果として起こっていることをマネしようとしても、無理だということです。

勝負は、ふだんどれだけ負荷をかけているかです。

結果ではなくて、ふだんをマネしていけばいいのです。

41

ふだんで差をつけよう。

42 妄想するより、計画を立てよう。

うまくいかない人はいつも、「自分にはこんな夢があって」と、ずっと妄想しているのです。

うまくいく人は、計画を立てています。

妄想と計画の区別がきちんとあるということです。

たとえば、ホノルルマラソンに出たいと思いつきました。

そうした時に、妄想する人は、今いる場所とゴールの2点しか考えません。

一方で、計画する人は、「マラソンで42・195キロ走るためには、5キロ何分のペースで行けばいいか」と考えます。

次に、1キロ何分のペースで行けばいいかを考えます。

そのためには、「今日はこんな練習をすればいい」とわかります。

ゴールから分割しながら逆算して、今日するべきことが決まってくるのです。

これが計画です。

妄想する人は、途中は何も考えないで、「ゴールできたらいいな」と考えます。

そして大会には、申し込んでいないのです。

ホノルルマラソンの参加方法すら調べていないのです。

まずは、申し込み方を調べないと始まりません。

妄想する人か計画する人かで、結果は大きく違ってくるのです。

42

中間目標をつくろう。

43 一生続くと思うと失敗し、改善するると次はうまくいく。

「勝ち組になりたいんです」と言う人は、一番勝ち組になれない人です。

たしかに勝ち組はいます。

勝ち組とは、一度成功した人です。

いわゆる一発屋です。

続けて成功している人は、自分のことを勝ち組とは思っていません。

世の中には、ベストセラーを1冊出して消えていく人がいます。

「これで自分の一生は安泰だ」と思ってしまうからです。

どんな仕事でも、失敗しようが成功しようが、そこから何がしかの反省・分析・改善をしていかない限り次はありません。

それが普通です。

たとえば、ある作家の1冊目の本が売れました。

そうすると、「2冊目はもっと売れるだろう」と思うわけです。

ところが、2冊目の売上げ数は1冊目の半分でした。

3冊目の売上げ数は、さらに半分になりました。

4冊目のお誘いはありませんでした。

これは、最も多くの人がたどっている道です。

2冊目以降もずっと書き続けている人は、1冊出すごとに徹底的に分析し、改善しているのです。

「勝ち組」という発想の怖さは、一度の成功が一生続くという誤認です。

それを裏返せば、失敗しても改善すれば、次にうまくいく確率は高くなるということなのです。

43

失敗のあと、改善しよう。

44 人として、ちゃんとしている人が成功する。

「自分がうまくいかないのは、あの人には能力があって、自分には能力がないからだ」と言う人がいます。

うまくいくかいかないか、成功するかしないかの分かれ目は、実は能力ではありません。

人として、ちゃんとしているかどうかです。

その基準になるのは、「きちんと挨拶ができるか」「横柄《おうへい》ではないか」「納期は守れるか」「遅刻はしないか」「目上の人に丁寧《ていねい》な言葉づかいができるか」といったことです。

能力とは、それぞれの職種に合わせた特殊技能です。

どんな仕事でも、人としてちゃんとしているかどうかで、「この人はうまくいくだろうな」「うまくいかないだろうな」という判断が分かれます。

中尾《なかお》彬《あきら》さんは一見怖そうですが、ふだんは人に対してあまり厳しく言う人ではありません。

テレビ的に怖そうな演技をしているだけで、実際は優しい人です。

その中尾さんが、あるタレントさんに、**「おまえ、そんなことしていると近々仕事なくなるぞ」**と注意したことがあります。

これは愛を持って言われたのですが、注意されたタレントさんは、本当に仕事がなくなってしまいました。

「近々」とは、テレビに限らずすべての仕事で長くて3か月です。

作家は、売れると各出版社から一気に仕事が来ます。

そうすると、勘違いをして編集者への対応が横柄になる人がいます。

自分が選ぶ立場だから、「おたくの出版社で出してあげてもいいけど」という姿勢になってしまうわけです。

そのうち、一気に来なくなるということに気づいていないのです。

私は、横柄になりそうになると、「おまえ、そんなことしていると、近々仕事がなくなるぞ」という中尾さんの言葉をいつも思い出します。

私に向かって言われた言葉ではありませんが、気をつけなければいけないと身が引き締まる言葉なのです。

44

人として、きちんとしよう。

45 大切なのは、成功のあとの振る舞い、失敗のあとの振る舞い。

たいていの人が「成功するまでが大切」「本番までが大切」と頑張るのです。

本当に大切なのは、成功したあとに、高飛車にならない、横柄にならない、調子にのらない、油断しないことです。

失敗のあとの振る舞いも大切です。

うまくいかなかった時に一番差のつくところは、周りに八つ当たりしていないかです。

ふてくされていないか。落ち込んで感じ悪い空気にしていないか。仲間割れをしていないか。責任を誰かに押しつけていないか。怒っていないかということです。

成功までの間、失敗までの間は個人差はありません。

成功のあとに腰が低かったり、失敗のあとに感じのいい人は、評価が上がり次へつながっていきます。

「仕事相手は世の中に無限にいる」と思うのは勘違いです。

思っているより世間は、イッツ・ア・スモールワールドです。

「今ここで感じ悪くても、世の中には仕事相手がたくさんいるし」というのは、思い込みにすぎません。

「ここで感じよく振る舞っても、別にみんなに知れ渡るわけではないし」という甘さを持たないことです。

情報化社会になる以前から、うまくいく人というのは、「今ここできちんと感じよくしよう」と心がけているのです。

たしかに、世の中すべての人と仕事をするわけではありません。

それでも、「今、目の前で出会った人と一生仕事をしていくんだ」という覚悟があれば、うまくいかなかった時も感じよくできます。

相手も自分も、うまくやろうと思ってしたことで失敗する場合があります。

そういう時こそ、「次にもっとうまくいくためにはどうすればいいか」と考えることが大切なのです。

45

失敗のあとの振る舞いを、きちんとしよう。

46 人気が欲しいか、実力が欲しいか。

「人気者になりたい」「自分の人気を上げたい」と言う人がいます。

「人気ありますね」は、ほめ言葉ではありません。

人気があるというのは、実力が伴っていないのと同じです。

本当に実力のある人には、「人気ありますね」とは言いません。

世の中で長く続いている人は、実力のある人です。

人気は、しょせんバブルです。

常に、「実力のわりには人気がない」というのが最も長続きするやり方です。

長続きしないのは、実力のわりに人気が高い人です。

いわゆる「人気者」という状態です。

この状態の時に頑張って、人気と実力の差を早く埋めないと、バブルがはじけてしまいます。

長年ずっと株価が右肩上がりの企業は、株価よりも実力のほうが上のところです。

そういう企業は、高値の株価に浮かれずに、日々、研究・開発に投資しています。

人生においては、「人気が欲しいのか、実力が欲しいのか」の二者択一しかありません。

「有名になりたい」「売れたい」「ちやほやされたい」と思う人は、人気に走ります。

そのかわり、人気のある時期は長続きしないのです。

46

人気より、実力をつけよう。

47 運ではない。昔、自分が掘った穴につながっただけだ。

「あの人は運がいい」と言う人がいます。

「運がいい」というのは、「穴を掘ったら突然トンネルにつながった」ということです。

それは以前、自分が掘った穴です。

ほかの人が掘った穴に通じることはありません。

自分が昔掘って、硬い石に当たって途中でほうり出していた穴が、やがて運のいいことにつながる穴になるのです。

途中で行き詰まってもいいから、とにかく未来のために穴を掘っておくことです。

そうすれば、将来どこかでつながります。

硬い石に当たって、たとえそれ以上進めなくなっても、「ムダな穴を掘ってしまった」と思う必要はまったくありません。

掘っていない穴には、出くわすことがないからです。

あとになって、昔掘った穴や昔一度仕事をした人と、たまたま出会うのです。

たとえ失敗しても、やけになって穴をつぶしてしまわないことです。

捨てゼリフのような形で別れてしまうと、次に出会ってもチャンスが生まれないのです。

47

穴をいっぱい掘っておこう。

48 失敗は、いい。失態は、ダメージが大きい。

「失敗」と「失態」は違います。

「失敗」は、想定どおりの結果が出なかったことです。

「失態」は、失敗を隠すことです。

失敗は、みんなに知れ渡ってもいいし、人に話してもいいのです。

改善できれば、再起のチャンスもあります。

失敗で再起不能になることはありません。

ところが失態は、かなりダメージが大きくなります。

失敗を隠したことで、みんなから、「なんだ、みっともないな」と思われます。

失敗することよりも、失敗を隠すことのほうが、よっぽどみっともないのです。

それなのに、失敗をみっともないと感じている人は、さらに大きな失態につながります。

失敗したからといって、「あいつはダメなヤツだ」とは誰も思いません。

失敗は、世の中のみんながしていることです。

失敗することで、むしろ好感度が上がったりします。

失敗したことを人前で話せた時点で、その人はその失敗を乗り越えています。

「何か失敗しましたか」と聞いた時に、「特にありません」と言う人は、まだ自分の失敗を乗り越えられていません。

成功している人は、みんな失敗を乗り越えているので、失敗を平気で語れます。

たとえ成功しなくても、「とんでもないことをやっちゃったんですよ」と話せる人は、その失敗を乗り越えています。

誰しも、乗り越えていない失敗を口に出すことはなかなかできません。

うまくいかない人は、そういう失敗を隠したり、きれいごとでコーティングして話してしまうのです。

48

失敗を隠さない。

49 差ではない。違いだ。

「私はあの人に負けている」とよく言う人がいます。

人と比べる時に、

「才能で負けている」

「家柄で負けている」

「ルックスで負けている」

「運で負けている」

「好感度で負けている」

と、ほとんどの人が「差」でとらえていることは、本来は「違い」です。

「差」は、上下関係です。「違い」は、水平関係です。

自分が差と感じていることは、実は上下の差ではなくて、水平の違いでしかありません。

犬と猫を比べたり、イボイノシシとゾウガメを比べることは、異業種格闘技です。

そもそもが違うので、どちらが強いという議論は成り立ちません。

「私はあの人に劣等感を持っている」というのは、すべて差に感じるものです。

違いに劣等感はありません。

狭い世界に生きていると、上下関係が生まれます。

重力は、地球の中におけるひとつの価値軸です。

重力があると、重力から離れたところにいるものを「上」と言うのです。

ところが、宇宙に行くと、無重力なので上下はありません。

宇宙での接待には、上座《かみざ》がないということです。

広い空間に行けば、どちらが上、どちらが前ということはないのです。

「上座はこっちだ」「あいつのほうが上だ」という議論は、狭い空間の中にいるから起こるのです。

49

差を気にしない。

第4章

チャンスをつかむための考え方

50 地図がなくても、コンパスを持てばいい。

一歩を踏み出せない人は、「なかなか地図が見つからないんですけど」と、ずっと地図を探しているのです。

実際は、地図などありません。

誰かがつくった地図を見つけても、古い可能性もあるし、それが当てになるとは限りません。

地図に宝のマークがついていても、その場所にはすでに宝はありません。

宝の地図があるということは、誰かが掘ったあとだからです。

「宝の場所が書かれた地図を高く買いませんか」「これに投資しませんか」というのは、一歩間違えば詐欺《さぎ》です。

50

地図を探さない。

人生で必要なのは、コンパスです。

本来コンパスとは、東西南北を指し示す道具です。

人生におけるコンパスとは、南か北かがわかることではなく、嗅覚《きゅうかく》のことです。

初めて行った町で、A店とB店のどちらがおいしそうかと感じる力です。

最近、地図のかわりによく使われるのはインターネットの情報です。インターネットのレストランサイトを見て、どちらのお店の点数がより高いかを調べるのです。

嗅覚を鍛《きた》えるためには、はずした体験数をたくさん持つことです。

「『こういう汚いお店はおいしいんだよね』と入ったら、やっぱりただの汚い店だった」という大ハズレの体験数をどれだけ持っているかが大切なのです。

51　旅をしている人は、失敗に寛大だ。

旅をする人の最も強いところは、失敗に寛大《かんだい》になることです。

旅は、失敗だらけです。

それは、自分のせいだけではありません。

飛行機が欠航したり、情報や立て看板が間違いだらけということもあります。

地元の人に道を聞いたら、本当は知らないのに教えてくれたりします。

「知らない」と言うのは冷たいからと、親切心で教えてくれるのです。

教えてから「違ったかな」と思っても、相手が行ってしまったあとで訂正できないということもあります。

「旅」イコール「失敗」です。

失敗があるから、旅は楽しくて思い出に残るのです。

寛大さのない人は、旅をしたことがない人です。

旅をすると、

「なんで間違っているんですか」

「なんで飛行機が遅れるんですか」

「なんで欠航するんですか」

「なんでオーバーブッキングなんですか」

「なんでホテルの部屋がとれていないんですか」

ということだらけです。

「そんなことはよくあるよ。人間がやっていることだから」と思えるのが、旅のベテランの強みです。

甘やかされると、この寛大さがなくなります。

注文した物がすぐ届くことに慣れている人は、レストランで注文と違う物が運ばれて来た時点でムッとします。

そんなことはよくあることです。

小さなことでイラッとすると、人間関係を壊したり、しなくていいケンカをしたりします。

人生において一番大切なのは、失敗に寛大であることなのです。

51

失敗に寛大になるまで、失敗しよう。

52 人に決めてもらって成功するのではなく、自分で決めて失敗するほうが楽しい。

占い師さんのところへ、「私はどうしたらいいんですか?」とよく聞きに行く人がいます。

占い師さんはアドバイスをするのが主の仕事で、決めることは主ではありません。

私も、相談に来た人には答えを出しません。

「今あなたはAの道を進んでいます。このままAの道を行くとここへつながります。

Ｂへ行ったらこうなります」

というように現在地と、このまま行くとどうなるかを言ってあげるだけです。

決めるのは本人だからです。

「先生だったらどうしますか。決めてください」と言う人は、最終的にうまくいかなかった時に、「だって先生が言ったから」と、先生に責任転嫁《てんか》するのです。

人に決めてもらって成功するよりは、自分で選んで間違うほうが、思い出になりますし、楽しい人生です。

「オススメは？」

「みんなどうするの？」

「私どっちにしたほうがいいですか？」

と、すぐ聞く人がいます。

究極は、お昼の生姜焼き定食か焼き魚定食かを決められない人です。

そこではずれると再起不能と思っているのです。

最近は、レンタルビデオの借り方も細かく分かれています。

当日返しがあるのです。

そのほかに、1泊2日、2泊3日、3泊4日、4泊5日、7日と、値段が少しずつ上がっていきます。

お客様の中には、レンタル期間を決める時に、「明日返せますかね？」と、店員さんに聞く人もいます。

「明日返せるかなぁ？」と聞かれても、お店の人もわかりません。

「遅れると延滞金が発生します」ということまでは言えます。

返せるかどうかは、お客様自身が決めることです。

居酒屋でも注文の時に生ビールの「中」と「大」で迷って、「大、飲めますか？」と聞く人がいます。

それは自分で決めることです。

人に聞くのは、自分で決めて失敗した時の責任をとりたくないからです。

「大、飲めますか？」と聞かれても、店側は決められないのです。

情報化社会の怖さは、インターネットの履歴から、「あなたの好みはこれ」と画面に表示されてしまうことです。

あながちはずれていないし、いいところを突いてくるなというものもあります。

いずれはＩＴの進化によって、「この人とおつき合いしてはどうですか？」と結婚相手まで表示されるＳＦ社会のようになる可能性もあります。

自動で判断されたオススメ表示に慣れていくと、最終的には自分で何も決められなくなるのです。

52

自分で決めて、失敗しよう。

53 昨日を語るのが敗者。明日を語るのが勝者。

その人の会話で、敗者と勝者がくっきり分かれます。
昨日の話、過去の話が多い人は敗者です。
明日の話、未来の話をする人は勝者です。
自分ひとりで、昨日の話と明日の話をすることはありません。
昨日の話にしても、だいぶ古い過去の話、昔話もあります。
私はパーティーで過去の話が始まると、その場から離れます。
お店なら帰ります。
昔話をしても始まらないからです。
敗者と勝者は、それぞれかたまっています。

過去の話をする集団と未来の話をする集団にくっきり分かれます。
両者が混じることは決してないのです。

53

明日を、語ろう。

54 個性を見つけるには、失敗することだ。

「個性を見つけるにはどうしたらいいですか?」と質問する人がいます。

成功しても個性は出ません。

失敗した時に個人差が出ます。

今までどれだけの多くの失敗をしてきたかが、その人の個性になっていくのです。

個性のない人は、失敗の数が少ない人です。

それだけトライの数が少ないということです。

「わぁ、この人は旅行しているな」と思うのは、変なところへ行って高い土産物を買わされた、変なお店に連れて行かれた、病気になったという失敗談がある人です。

たとえ世界中の名所旧跡《きゅうせき》へ行っても、観光バスでお約束の基本パターンのコースを回っているだけでは、「あの人はよく旅をしているね」とは感じません。

「本は何を選んだらいいいですか？」と聞かれると、「この人はあまり本が好きじゃないんだな」とわかります。

失敗をしたくない人は、はずれのない本ばかり読みます。

「この人はよく映画を観ているな」と感じるのは、「なんで、それ借りたの？」と思うような変な映画を観ている人です。

話題作しか観ていない人は、あまり映画好きな感じがしません。

どんどんトライすることで、「そんな映画があることも面白いけど、それを借りているこの人はもっと面白い」と思われる個性が出るのです。

54 失敗して、個性をつくろう。

55 才能は、環境がつくる。環境は、自分がつくる。

誰もが才能を伸ばしたいと思っています。

才能を伸ばす方法は、才能が伸びるような環境に行くことです。

それは、自分が1番になれないところです。

たとえば、名門校に行くことも方法のひとつです。

名門校には、とてつもなく優秀な人がいます。

TOEICを毎回受けて毎回満点という人もいれば、漢検1級を毎回受けて毎回合格している人もいます。

そんな人がいる時点で、「自分は漢字に強い」「英語ができる」とは言えません。

「自分は何で生きていけばいいのだろうか?」と思い知らされるのが、名門校のよいところです。

三流校にいると、そこそこの力でなんとなくトップになれたような気持ちになってしまうので、エッジが磨かれません。

才能を伸ばすには、まず、「自分のこの程度のものではエッジにはならないんだ」と気づく必要があります。

そのためには、とんでもない環境の名門校に行けばいいのです。

その環境は、自分でつくれます。

子どものころは、名門校に入るためには試験があります。

ところが、**大人はお金を払えば厳しいところに行けます。**

東大の大学院ですら、「あれだけ東大を目指して一生懸命勉強していたのはなんだったのだろう」と思うぐらい、東大よりはるかに楽に入れます。

才能ではなく、「東大の大学院に行く」という意思があればいいのです。

ということは、才能を伸ばす環境も、自分自身でつくれるということなのです。

55

自分で、環境をつくろう。

56 全部当たりより、ごくまれに当たりのほうが幸せだ。

心理テストは、全部当たると興奮度がなくなります。

当たったりはずれたりする時のほうが、興奮度は高まります。

興奮度がもっと高いのは、ほとんどはずれてたまに当たりがある時です。

風俗にはまる理由も同じです。

キャバクラも全員かわいいお店より、ほとんどがはずれで、たまにかわいいコがいるお店のほうが、テンションが上がってはまるのです。

物を買う時も同じです。

「いつか大人になったら大人買いがしたい」と思っていても、それが実現すると喜びと同時に失うものがあります。

たとえば私が子どものころは、駄菓子屋さんに1回10円の宝箱がありました。

枡《ます》のミシン目から指を入れてあけると、おもちゃが出てくるのです。

箱には30個ぐらいしか、枡がありません。

３００円で全部買えるのです。

だからといって、３００円で全部買っても楽しくありません。

「これが全部当たりだったらいいのに」と思っている時代のほうが幸せで、実際にそれができるようになると幸せを感じなくなります。

人生においても、うまくいかないことが多い今のほうが何倍も幸せなのです。

56

全部当たりを、目指さない。

57 自分の殻の中で成功しているうちは、自分の力は試されない。

「そこそこ失敗なくやれています」と言う人は、失敗がない範囲の中でしか行動していません。

自分の殻《から》の中で動いているということです。

たいていのことは、ホームですると成功し、アウエーですると失敗するのです。

ホームでいくら成功しても、自分の力は試されないのでレベルがわかりません。

潜在能力も開花しません。

人生でうまくいくためには、アウエーでもまれることが大切です。

情報化社会の特徴は、ホームが見えやすいことです。

情報化社会になる前は、どこに行けば失敗しないかというのがわかりにくい時代でした。

私の学生時代は、偏差値が情報化社会のスタートでした。

偏差値があるおかげで、大学の合格率がだいたいわかるわけです。

そうすると、無謀《むぼう》なことをしなくなります。

事前に合格率がわかるからです。

その人に合った学校を受験するので、合格率が上がります。

これは、トライ率が下がっているということです。

自分の未知なる力に出会うことより、成功することに重点をおいた結果です。

本屋さんでも、自分のいつも通っているコーナーの本を買えばだいたいハズレはありません。

行ったことがないコーナーで本を買うと、はずれるリスクは高いですが当たりもあります。

レンタルビデオ店で映画を借りる時も、話題作にはそんなにはずれがありません。

ただし話題作ばかりでは、新しい出会いもありません。

出会いがあるのは、借りたい作品が全部貸出し中で、「じゃあ、しょうがない」と、ほかの作品を借りた時です。

そこで大当たりか大はずれになります。

大当たりしたいと思うなら、大はずれとセットで借りる必要があるのです。

57
自分の殻の外に出よう。

58 どれだけ長く生きたかではなく、どれだけ密度の濃い時間を生きたか。

世の中には、

「あと10年長く生きたらこんなことをしたい」

「1日がもう1時間長かったらこんなことができるのに」

と、時間を欲しがる人がたくさんいます。

寿命が短かった時代は、「寿命がもう少し長ければいいのに」と、時間の長さが大切でした。

長寿社会になってわかったことは、実は時間の長さよりも密度が大切だということです。

たとえば、会社でも、

「仕事が忙しくて、なかなか自分の時間が自由にとれない」

「もう1時間早く帰れたらいいのに」

「1日が25時間あればいいのに」

と言う人は、結局、時間の密度を問題にしていません。

仕事をする上において、

「あと1時間あればなんとかなるんですが」

「あと1週間もらえれば、もっといいものができるんですが」

と言って時間を延ばしても、あまりクオリティーは変わりません。

その人は、長さの議論だけをして、密度の議論をしていないからです。

大切なのは密度の問題です。

人生は、時間が短いから損で、時間が長いから得ということには決してならないのです。

58

密度の濃い時間を、生きよう。

59 手を抜かないでしていると、一生の武器になる。

「したいことは見つかったんですが、それでは食べていけないので、生活のためにアルバイトしています。どうしたらいいでしょうか?」と言う人がいます。

作詞家のなかにし礼《れい》さんは、若いころシャンソン喫茶で働いていました。

ウエイターのような接客のアルバイトです。

当時、フランス語で歌うシャンソンは、日本人にはピンと来ませんでした。

日本語の訳詞をつけると、「そういう意味なんだ」とわかるので、お客様に喜んでもらうために、なかにしさんはサービスで訳詞をつけていました。

それは、作詞家になりたい人にとっては勉強になります。

接客業は、一見、作詞家の仕事とは関係ないように見えます。

実際は、シャンソン喫茶にはいろいろなお客様が来ます。

お客様と話すことによって、いろいろな人の人生を学ぶことができました。

お客様との会話の中で、使いこなせる言葉も増えていきます。

接客を通してお客様の価値軸もわかってくるので、後《のち》の作詞家としてのベースも築かれました。

生活のためにしているからといって手を抜いてしまうと、そこからは何も学ぶことができません。

生活のためにしていることに対して手を抜かないでいると、その経験は一生の武器になっていくのです。

59
生活のためにしていることも、手を抜かない。

60 道案内ができるようになると、チャンスがつかめる。

作曲家の猪俣公章《いのまたこうしょう》さんは、まだ無名のころ、「こういう曲があるんですけど、聴いてください」と、レコード会社のビクターに通っていました。

それでも、すぐには採用になりませんでした。

毎日通っては、「ロビーで待っていて」と言われました。

一日中待っていても、「ゴメン、ちょっと出かけなくちゃいけないから」と、ただ座っているだけで終わる日もあります。

毎日通って、ロビーから出ていく人たち、帰ってくる人たちを見ているうちに社内事情がだんだんわかってきました。

いつの間にか猪俣さんは、ビクターを訪れる人たちから、「あの人に聞けばだいたいわかる」と見られるようになりました。

「○○さんはいますか?」「いや、今出ていきましたね」とか、「○○さんは何階ですか?」「3階ですよ」、というように、「今あの人がいる」「この人は何時に帰ってくる」と、社内の案内係をするようになりました。

そのうち新人歌手と一緒に社員の人が来て、「今、このコに楽譜を渡したんだけど読めないので、ちょっとピアノで弾いてやってくれる?」と雑用を頼まれました。

作曲の仕事ではありません。

最初は案内係から雑用係になり、そうこうしているうちにヒット曲『女のためいき』を出せるようにまでなっていったのです。

これは、誰にでもできることではありません。

感じがいい人でなければできないことです。

「オレは作曲家だ」と、不愛想《ぶあいそう》にしている人には無理です。

猪俣さんは、毎日ロビーに座って、いろいろな人とやりとりをしているうちに、感じのよさを学習されたのです。

さらに雑用を嫌がらず、かわりに楽譜を読んであげたり人の出先表のかわりも引き受けました。

「ロビーで待っていて」と言われたのに、「ちょっと用事ができたから」と待ちぼうけを食わされた時、「もう二度と行くものか」と思う人は、チャンスをつかめません。

断られても毎日通って、案内係までできるようになる人が成功するのです。

60 雑用を、頼まれるようになろう。

61 鍋洗いでNo1の男が、料理でNo1のシェフになる。

シェフの三國清三《みくにきよみ》さんは、下積み時代に帝国ホテルで修業をしていました。

その中で、三國さんは来る日も来る日もレシピを教えてもらえずに、ずっと、「鍋を洗え」と言われ続けました。

ほとんどの人は、ここでめげてしまいます。

大ぜいの下っぱの中で、三國さんは鍋をとことんきれいにピカピカに磨きました。

「これは誰が洗った？」と言われるまで頑張ろうと磨きましたが、誰も言ってくれません。

料理もつくらせてもらえません。

鍋洗いだけで2年が過ぎた時、急に呼ばれてスイス日本大使館の料理長に抜擢《ばってき》されました。

三國さんの2年間の努力は、見られていたのです。

鍋洗いの仕事は、手を抜くこともできます。

そこで手を抜かずに徹底的に努力する人は、必ず見られています。

三國シェフのことは、当時の村上信夫《むらかみのぶお》シェフが見ていたのです。

61

鍋洗いで、No1になろう。

62

道が厳しいのは、それが近道の証拠だ。

「道が厳しい」と文句を言う人がいます。

人生においての道の厳しさは、山登りと同じです。

きついのは近道で、緩《ゆる》やかなのは遠まわりです。

道の厳しさは、山の高さとの関係で決まります。

今が楽ということは、先に行ってきついということです。

今が厳しいということは、先に行って楽ということです。

今通っている道が厳しいなら、それは近道です。

その道は上に登っている道です。

山登りのつらさは、下りがあることです。

「せっかく登ったのに下るんですか」とツッコみたくなります。
それでも、下りは楽なので、つい下りに甘えてしまいがちです。
つらいと思った時は、「今は近道にいるんだ」と思えばいいのです。

62 手前が急な道を選ぼう。

63 チャンスは、失敗の直後に来る。

「チャンスを待っているんですけど、なかなかチャンスが訪れない」と言う人は、チャンスが来るタイミングを忘れています。

チャンスは、失敗の直後に来ます。

ところがたいていの人は、失敗の直後はへこんでいるのでチャンスを逃します。

失敗のあとにふてくされていると、すぐ次の行動ができません。

それでチャンスをつかみ損《そこ》ねるのです。

チャンスは失敗の直後に来ることを知っていれば、失敗したあとに待ち構えていられます。

魚をたくさんとれる漁師さんは、魚がどこにいるかがわかっている人です。

「こういうところに多いんだよね」とわかるから、大量にとれるわけです。
魚のいないところでは、どんなに釣りがうまくても漁はできません。
チャンスで考えると、チャンスは失敗の直後です。
失敗をたくさんしている人は、直後がたくさんあるということなのです。

63
失敗のあとの、リバウンドボールをとろう。

第5章
人生を変えるための考え方

64 曜日がわからなくなることを、する。

「土・日も頑張っているんですけど、なかなかチャンスがつかめない」と言う人は、チャンスは、しばらくつかめません。

その時点で土・日に気づいているからです。

本当に頑張っている時は、「今日は何曜日？」かわかりません。

曜日感覚が消えていくのです。

「今日が何曜日なのかわからない」

「いつの間にか暗くなって、いつの間にか明るくなっている」

というのが、一番頑張っている時です。

「土・日も頑張っている」「祝日も頑張っている」と言っているうちは、まだあと一歩です。

窓のないところで頑張っていると、昼か夜かもわからなくなります。ただ明るくなり、暗くなり、明るくなり、暗くなりという繰り返しで、時計の感覚が消えるからです。

その結果、「今、時計ではこの時間だけど、朝の5時なのか夕方の5時なのかがわからない」となるのです。

64
曜日がわからなくなるまで、しよう。

65 一番厳しいところを選べる人が、一番上まで行く。

岡本太郎さんは、若いころ戦争で徴兵され、鉄拳制裁が普通の一番厳しい陸軍に入りました。

陸軍は、有無を言わせない理不尽《りふじん》の塊《かたまり》です。

誰かひとりがミスをすると、連帯責任です。

並んで、「歯を食いしばれ」と、殴られるわけです。

そういう時でも、岡本太郎さんのセンスのよさが光ります。

どこに並ぶと痛くて、どこに並ぶと痛くないかがわかるのです。

たとえば、7人並ぶとします。

1人目は、殴るほうもまだ調子がつかめません。

最後のほうは、疲れてしまって力が入りません。

一番痛いのは、真ん中です。

「1番、7番は痛くない。4番が一番痛いぞ」と見抜いたら、普通は1番か7番に並びます。

ところが、岡本太郎さんは、「一番痛い4番をオレが引き受けよう」と言いました。

これこそが芸術家であり、伸びていく人です。

まず、法則性を見出せない人はチャンスをつかめません。

法則性を見出して、一番厳しいところを選ぶという2点において、岡本太郎さんは天才なのです。

65

一番痛いところを選ぼう。

66 変化をくり返すエレクトリカル・パレード。

成長とは、変化です。

人間が成長した時に一番言われるのは、「おまえ、成長したな」「上達したな」「できるようになったな」ではありません。

「変わったな」のひと言です。

成長したくても成長できない人は、今の自分から変わりたくないのです。

現状をキープしながら、そこに少しずつ載せていきたいと考えているのです。

本当の成長は、ドンガラガッチャンとちゃぶ台をひっくり返すことです。

土台をゼロからやり直すのです。

たとえば1冊の本を書く時に、「もう少しここを直してほしい」と編集者に言われました。

そういう時は、一から書き直したほうが早いです。

そうすると、「この人は書き直す根性がある」と編集者は思います。

「ここをもう少し直してほしい」と言われたところを半分ぐらい直して再提出するのは、いかにも器が小さいです。

「せっかくアドバイスをしているのに、あまり書くことが好きではないんだな」と、編集者に思われます。

大切なことは、根底から変えていくことです。

小手先で微調整するのではありません。

根底から変える覚悟を持って、変化するのです。

変化は毎日できます。

映画『シン・ゴジラ』のすごさは、敵役のゴジラが進化していくところです。

今までのゴジラ映画は、次の映画でゴジラが進化していました。

ところが『シン・ゴジラ』では、1本の映画の中で4段階も進化をします。

今までの発想とは違うのが、庵野秀明《あんのひであき》監督の『シン・ゴジラ』です。

次から次へと、パレードのごとく変化していくので、私は「変化のエレクトリカル・パレード」と呼んでいます。

うまくいくためには、「昨日変化したばかりなのに、また変化している」と、変化をくり返す必要があるのです。

66

毎日、変化しよう。

67 ダンスに目的地はない。

「それをやったらどうなるんですか?」と、常にその後のことばかりを聞く人がいます。

「この道を行ったら、どこにたどり着くんですか?」「目的は何ですか?」と言う人は、ダンスを楽しめません。

ダンスは、踊りながらフロアを反時計まわりに回転します。

目的地はありません。

ダンスで目的地を聞くのはナンセンスです。

人生も同じです。

勝負は、その瞬間、瞬間のクオリティーを上げることです。

それぞれの一歩の間でどれだけクオリティーを高くできるかです。

ダンスは、たくさん回転したから、何周したから偉いというものではありません。

どれだけ1周、1歩を丁寧に踊れたかという間を詰めていくことが大切です。

先をあせる人は、その先へその先へと行こうとします。

「これ、できました」「もうダンスはできるようになりました」という意味で、「上がりました」と言って、雑に次から次へと新しいものを始めるようになります。

どんなことでも次にするべきことというのは、今までしてきたこととの目盛りの間にあるのです。

67

目的地より、途中を楽しもう。

68

過去にこだわる人は、過去から学んでいない。

過去の話が好きな人は、「昔こういうふうに言われたんです」「昔こういう失敗をしたんです」とよく言います。

「こういうふうにやってごらん」と言われると、

「それ、前にやったんですけど、うまくいかなかったんですよ」

「こういうデメリットがあって」

「こういうふうにお叱りを受けて」

と、過去にこだわる人がいます。

これは、過去から学んでいないからです。

過去から学んだ人は、過去にこだわりません。

同じ過去でも、その過去にこだわるか学ぶかの2通りに分かれます。

「前にそれをやったけど失敗した。でも学んだ。よし、もう1回やってみよう」と学んだ時点において、過去は、こだわらない過去に切りかわるのです。

68
過去から学んで忘れよう。

69

運が悪いと言う人は、安易なほうに逃げている。

「やること、なすこと、運が悪いんです」と言う人がいます。

その人の立ち居振る舞いは、選択肢があると、「どっちが簡単そうですか？」「どっちがうまくいきますか？」と聞いて、常に安易な方向に流れます。

簡単そうなほう、失敗しなさそうなほうを常に選んでいるのです。

常に失敗するパターンは、みんなが行く簡単そうなほうです。

「世の中みんなが行くんだから、成功するに違いない」というのは間違いです。

人とは違う個性を生み出し、人とは違う成功をしたいと思うなら、みんなが行かないところへ行けばいいのです。

ほとんどの人は、安易な方向へ流れていきます。

安易ではないほうに、運があるのです。

たとえば、あるマスコミ企業の就職試験で、作文のお題が2つありました。

この2つは、書きやすいお題と書きにくいお題です。

どちらも書きやすいというお題は出しません。

大体1対9になるようにお題をつくっています。

「Bは書きにくいからAにしよう」と、書きやすいほうを選んだ人はほとんど落ちます。

文章のクオリティーではありません。

みんな0点で、作文力では差がつかないのです。

このテストで見ているのは、書きにくいほうにどれだけトライしたかです。

実際、書きにくいほうを選んでいる人の文章のほうが面白いのです。

書きにくいお題は個性が広がるからです。

書きやすいお題では、予定調和が見えて面白い文章にならないのです。

69

安易なほうに逃げない。

70 植物のように、地球からエネルギーをもらおう。

植物や動物も含めて、地球上に存在しているすべてのものは、足元の地球からエネルギーをもらっています。

「自分には味方がいない。天涯《てんがい》孤独だ」という思い込みは間違っているのです。

人間の足元には地球という大地があります。

大地には重力が働いています。

これが味方なのです。

ダンスの原動力は重力です。

地球上では、重力によって落下する位置エネルギーが生まれます。

重力があるから運動エネルギーが生まれるのです。

地球が持っているのは、無料の無限エネルギーです。

生物は、宇宙から来るエネルギーだけではなく、大地からも常に無料のエネルギーをもらっています。

それを受け取る人と受け取らない人、感じる人と感じない人がいるだけなのです。

70

大地に足をつけよう。

71 ムダな体験はない。何かを学ぶために必要な体験だったのだ。

「あれ、やったけどムダになった」「それをやってムダになりませんか？」とよく言う人がいます。

優等生は、効率で生きているのでムダが一番嫌いです。

関西人は、相手の都合を聞かずにいきなり訪ねてきます。

相手がいなければ、「また来ます」と出直します。

ここにムダを感じないのです。

情報化社会になって、事前にアポがとれるようになりました。

相手がその時間にいないとわかると行きません。

アポがとれた時だけ行きます。

情報化社会では、ムダなことをとことんまで排除できます。

それによって圧倒的に体験量が減っていくのです。

たとえば、会社訪問で9階に入っている部署に行くことになりました。

この時、エレベーターで行くのが効率です。

階段で行くのは、効率的ではありません。

ところが階段で行くことによって、その会社の雰囲気がわかるのです。

階段を歩いている社員の人と接触することもあります。

各フロアからうっすら聞こえてくる声や音で、いろいろ知ることができます。

階段を上ることはムダではないのです。

「必ず出会うんですね?」「そこで社長さんと会うんですね?」と言われても、それはわかりません。

出会うこともあれば出会わないこともあります。

何か体験をすれば、そこには必ず学ぶべき何かがついてくるということです。

人生は、必要な体験ばかりです。

そこで成功することより、成功にまつわる体験こそが、その人が学ぶべきことだったのです。

71

ムダに見える体験をしよう。

72 成長とは、脱皮だ。

「成長」という言葉には、体が大きくなったり、上に載せていくイメージがあります。

これは違います。

成長は、ペロッとむけて脱皮することです。

蛇の抜け殻のように、今着ているものを脱がなければ、大きくなることはできません。

爬《は》虫《ちゅう》類《るい》には脱皮があります。

人間にも、「一皮むける」という表現があります。

まずは、今までの皮を脱ぐことで次のものに生まれ変わるのです。

上に重ね着をしても変わることはありません。

大人の成長には、汗ではなく痛みや涙を伴います。
優等生は、汗で頑張るのが得意です。
社会に出ると、今までの価値観を捨てる必要があります。
優等生は、これが一番できないのです。
今までの価値観でそこそこうまくいっているからです。
ここで劣等生に逆転されるのです。
劣等生は今までの価値観でうまくいっていないので、平気で捨てられます。
これが劣等生の強みです。
今までうまくいっている人ほど、次がうまくいきません。
私は、リーダー研修のワークショップで、コピー用紙20枚を使って高い塔を建てる
という課題を出しました。
チームごとに挑戦します。
最初にそこそこ高くなったチームは、そこで止まってしまいます。
5段ぐらいまで乗せているところは、一からつくり直すことができないからです。

最終的に勝つチームは8段ぐらいまで行きます。
5段のチームは、追い越されているのに変えられません。
そこそこできてしまっている人が、一番止まるのです。
そう考えれば、最初に負けていてもまったく怖くありません。
「どうせ止まるから、行かせておけばいい」と、余裕が生まれます。
「今自分には何もないんです」ということが、一番の強みになるのです。

72

そこそこ、うまくいってることを壊そう。

73 意識が変わると、不思議なことが起こる。

運を呼び込む方法は、意識を変えることです。

意識を変えると、不思議なことが次々と起こります。

「特に何ごとも起こらないんです」と言う人は、意識が変わっていないのです。

勉強や体験は、その人の意識を変えるためにするのです。

不思議なことが起こってから、意識が変わるのではありません。

順序が違います。

意識が変わってから、「まさか」という不思議なことが起こります。

「あの人には、まさかのことがいっぱい起きて、私にはまさかのことが起こらない」

と言う人は、意識が変わっていません。

今までの意識のままで積み重ねても、「意識が変わった」とは言わないのです。

それでは質的な転換ではなく、量が変わっただけです。

意識が変わるというのは、1階から2階に変わることであって、1階の中で2階まで高くなることではありません。

常に、先に意識を変えておくことが大切です。

意識を変えるには、勉強と体験が必要です。

勉強だけでも、体験だけでも不十分です。

勉強と体験は、成功するためや賢くなるためではなく、意識を変えるためにするのです。

「勉強したけど意識は同じまま」と言う人は、「勉強した」とは言えません。

「体験したけど意識が変わらない」と言う人は、「体験した」とは言えません。

「これはこういうことなのか」と意識が変わると、体の感覚が変わり回りの景色が変わります。

さらに、夜は眠れなくなります。

夜、ベッドで寝ていても、ダンスの時の体の使い方のヒントが浮かびます。

パッと目が覚めて、「あ、今のインナーの使い方、股関節の使い方これかな。うわぁ、今寝ているけど立ち上がってやりたい」と思うと、すぐに立ち上がって動いてみます。

意識が変わると、それぐらいじっとしていられなくなるのです。

長嶋茂雄《ながしましげお》さんが夜にバットを振ったというのも同じ感覚です。

今すぐためしたくてしょうがなくなるのです。

これが、勉強と体験という両輪の効果です。

「勉強しているけど一歩が踏み出せない」「体験しているけど一歩が踏み出せない」と言う人は、勉強も体験もしていないのです。

73 今までと真逆のことをしよう。

74 準備をすると、やって来る。

「こんなに準備しているのに、なかなか待っていることが起こってくれないんです」と言う人は、まだ準備が足りていないのです。

準備をしていると、そのことはやって来ます。

何も起こらないのは、来てから準備しようとしているからです。

たとえば、「本を書きたい」と言って、本を書いていない人がいます。

本を書いているから、本を出版したいという人との出会いがあるのです。

「あなたの本を出版したい」と言う人と出会ってから本を書こうとしたのでは、そのチャンスはつかめません。

「本を途中まで書いているんですけど、出会いがないんです」と言う人も同じです。

途中までの原稿では、議論のしようがありません。

小説でも、途中まで書いている人はたくさんいます。

「ここから面白くなるんです」と言われても、最後まで書かなければチャンスには出会えません。

私が体験的に面白いと思うのは、自分が観ているテレビ番組からよく依頼が来ることです。

観ていない番組からではなく、「この番組、面白いな。自分が呼ばれたらどうしよう」と考えていると、出演依頼が来るのです。

あらゆるチャンスは、準備をしたところにやってくるのです。

74 待つより、準備しよう。

75 Vを持っている人は強い。Wを持っている人はもっと強い。

「V」とは、いったん下がって上がることです。

ただ上がっているだけの人が、強いのではありません。

一番エネルギーがいるのは、いったん下がってもう1回上がることです。

上を知っている分、1回目に上がるよりも大変なのです。

「自分はあんなに売れたのに」という悔しい気持ちがあるからです。

1回も売れたことがない人は、それほど大変ではありません。

売れたという体験がないからです。

ところが売れた人が売れなくなると、世の中が手のひらを返すように冷たくなるという体験をするので、へこみ方がはんぱではありません。

最初から売れていない人よりもつらいです。

ただし、そこからもう1回V字回復した人は強いです。

もっと強いのは、W字回復した人です。

1回売れたけど売れなくなった→また売れたけど売れなくなった→また売れた、というのはV字回復を2回しています。この回復力は最強です。

まったくの新人よりは、売れて、売れなくなって、復活したというV字回復をした人のほうがエネルギーが大きいのです。

1回も売れていない人は、「1回売れてV字回復する人より、はるかに楽だ」と、余裕を持って考えればいいのです。

75 W字回復をしよう。

76 おまじないに証拠はない。

「うまくいくためのおまじないを教えてください」と言われて、おまじないを教えると、「それ、証拠は？」「エビデンスは？」と聞く人がいます。

おまじないに、エビデンス（証拠）はありません。

習いごとは、おまじないを習うことです。

たとえば、「こうやったらいいよ」と先生が教えてくれました。

「先生のことは信じています。ただ、エビデンスとしての成功率は何パーセントかを聞きたいです」と言う人は、先生よりエビデンスを信じています。

「信じる」とは、エビデンスなしに行動できることです。

エビデンスを求めた時点で、それは「信用」ではありません。

「成功率50パーセントではやらない」「100パーセントのおまじないは何かないですか?」と言う人は、永遠にできません。

100パーセント成功率が確証できるおまじないを求めるだけでは、成功することはできないのです。

76

証拠を探さない。

77

これから起こることに、感謝するのではない。今、こうしていることに感謝しよう。

「私、感謝しています」と言う人に、「たとえばどういうことに?」と聞くと、「こういうことが起こったので、ありがたいなと思って感謝しました」と答えます。

起こったことに感謝するというのは、間違っています。

感謝は、「今生きていること」「今ここで勉強していること」「今ここで本を読めていること」にするのです。

今ここで本を読めているという普通の状態は、すでにうまくいっています。

そう言うと、「本を読むことは、別にうまくいっていることでもなんでもない。これはごくごく普通のこと」と反論する人がいます。

こういう人は、「今、病気ではない」「今、病気だけど死んでいない」「今、戦争に巻き込まれていない」「今、借金取りに追われていない」という普通のことに感謝できないのです。

究極は、「今生きていることに感謝できる」という気持ちです。

「今生きていることに感謝する必要なんてないでしょう」と言う人は、周りの人に対する感謝を忘れ始めています。

「出版社は本を出すのが当たり前でしょう」と言う人も同じです。

出版社は社運を賭けて本を出版しているのです。

それは当たり前のことではありません。

「みんなが一生懸命しているおかげで今こうしていられる」と、すべてのことに感謝できる人には、次の依頼が来ます。

そして、助けてくれる人が現われたり、運がめぐってきます。
たとえ貧乏でも、文句を言わずに今生きていることに感謝できる人は、事がうまく回り始めるのです。

77

本を読んでいる自分に感謝しよう。

一歩踏み出す考え方
中谷彰宏

「一歩踏み出す考え方」

01 今日、工夫して、明日の運を増やそう。

02 待たせている道に、一歩踏み出そう。

03 長い時間かけて、しよう。

04 今日頑張るよりは、淡々とやって、明日またトライしよう。

05 神様は来ないのではなく、遅れていると考えよう。

06 去年より、うまく失敗しよう。

07 明日のむずかしいことより、今できることをしよう。

08 うまくいっても、修行できる場所を持っておこう。

09 見えにくいありがたみに気づこう。

10 好きではないことをすることで、好きではないことをする力をつけよう。

11 すべての道が夢につながっていると考えよう。

12 夢を実現するのに、待たなくていい。

13 失敗ではなく、未成功と考えよう。

14 厳しくされる人にしがみついていこう。

15 バットは思い切り振って、マナーをよくしよう。

16 人から「意味」をもらうのではなく、自分で「意義」を見つけよう。

一歩踏み出す考え方
中谷彰宏

26 「生かされている役割」を自分で見つけよう。
27 格上に、挑もう。
28 本番で、力まない。
29 世界一幸せな顔で、寝よう。
30 昨日の自分にこだわらない。
31 うまくいかない時こそ、お土産を持ち帰ろう。
32 今日試験でも、あわてない準備をしておこう。
33 お墓参りのつもりで、仕事をしよう。
34 強い相手に、負けよう。

一歩踏み出す考え方
中谷彰宏

35 幸せを目標にしない。
36 魔物を自分でつくらない。
37 神様のクイズに早押ししよう。
38 行き止まりの扉を探そう。
39 壁を階段にして上ろう。
40 小手先より、基礎工事をしよう。
41 ふだんで差をつけよう。
42 中間目標をつくろう。
43 失敗のあと、改善しよう。

一歩踏み出す考え方
中谷彰宏

53 明日を、語ろう。

54 失敗して、個性をつくろう。

55 自分で、環境をつくろう。

56 全部当たりを、目指さない。

57 自分の殻の外に出よう。

58 密度の濃い時間を、生きよう。

59 生活のためにしていることも、手を抜かない。

60 雑用を、頼まれるようになろう。

61 鍋洗いで、Ｎｏ１になろう。

62 手前が急な道を選ぼう。
63 失敗のあとの、リバウンドボールをとろう。
64 曜日がわからなくなるまで、しよう。
65 一番痛いところを選ぼう。
66 毎日、変化しよう。
67 目的地より、途中を楽しもう。
68 過去から学んで忘れよう。
69 安易なほうに逃げない。
70 大地に足をつけよう。

71 ムダに見える体験をしよう。

72 そこそこ、うまくいってることを壊そう。

73 今までと真逆のことをしよう。

74 待つより、準備しよう。

75 W字回復をしよう。

76 証拠を探さない。

77 本を読んでいる自分に感謝しよう。

ニケーションの授業』(アクセス・パブリッシング)

『運とチャンスは「アウェイ」にある』(ファーストプレス)

『大人の教科書』(きこ書房)

『モテるオヤジの作法2』(ぜんにち出版)

『かわいげのある女』(ぜんにち出版)

『壁に当たるのは気モチイイ　人生もエッチも』(サンクチュアリ出版)

『ハートフルセックス』【新書】(KKロングセラーズ)

書画集『会う人みんな神さま』(DHC)

ポストカード『会う人みんな神さま』(DHC)

面接の達人

ダイヤモンド社

『面接の達人　バイブル版』

『ファーストクラスに乗る人の勉強』

『ファーストクラスに乗る人のお金』

『ファーストクラスに乗る人のノート』

『ギリギリセーーフ』

ぱる出版

『選ばれる人、選ばれない人。』

『一流のウソは、人を幸せにする。』

『セクシーな男、男前な女。』

『運のある人、運のない人』

『器の大きい人、小さい人』

『品のある人、品のない人』

リベラル社

『一流の話し方』

『一流のお金の生み出し方』

『一流の思考の作り方』

『一流の時間の使い方』

秀和システム

『楽しく食べる人は、一流になる。』

『一流の人は、○○しない。』

『ホテルで朝食を食べる人は、うまくいく。』

『なぜいい女は「大人の男」とつきあうのか。』

『服を変えると、人生が変わる。』

水王舎

『「人脈」を「お金」にかえる勉強』

『「学び」を「お金」にかえる勉強』

『凛とした女性がしている63のこと』(日本実業出版社)

『一流の人のさりげない気づかい』(KKベストセラーズ)

『なぜあの人は40代からモテるのか』(主婦の友社)

『輝く女性に贈る 中谷彰宏の運がよくなる言葉』(主婦の友社)

『名前を聞く前に、キスをしよう。』(ミライカナイブックス)

『ほめた自分がハッピーになる「止まらなくなる、ほめ力」』(パブラボ)

『なぜかモテる人がしている42のこと』(イースト・プレス　文庫ぎんが堂)

『一流の人が言わない50のこと』(日本実業出版社)

『輝く女性に贈る　中谷彰宏の魔法の言葉』(主婦の友社)

『「ひと言」力。』(パブラボ)

『一流の男　一流の風格』(日本実業出版社)

『変える力。』(世界文化社)

『なぜあの人は感情の整理がうまいのか』(中経出版)

『人は誰でも講師になれる』(日本経済新聞出版社)

『会社で自由に生きる法』(日本経済新聞出版社)

『全力で、1ミリ進もう。』(文芸社文庫)

『「気がきくね」と言われる人のシンプルな法則』(総合法令出版)

『なぜあの人は強いのか』(講談社+α文庫)

『3分で幸せになる「小さな魔法」』(マキノ出版)

『大人になってからもう一度受けたい コミュ

『メンタルが強くなる60のルーティン』

『なぜランチタイムに本を読む人は、成功するのか。』

『なぜあの人は余裕があるのか。』

『中学時代にガンバれる40の言葉』

『叱られる勇気』

『中学時代がハッピーになる30のこと』

『頑張ってもうまくいかなかった夜に読む本』

『14歳からの人生哲学』

『受験生すぐにできる50のこと』

『高校受験すぐにできる40のこと』

『ほんのささいなことに、恋の幸せがある。』

『高校時代にしておく50のこと』

『中学時代にしておく50のこと』

PHP文庫

『もう一度会いたくなる人の話し方』

『お金持ちは、お札の向きがそろっている。』

『たった3分で愛される人になる』

『自分で考える人が成功する』

『大学時代しなければならない50のこと』

だいわ文庫

『いい女の話し方』

『「つらいな」と思ったとき読む本』

『27歳からのいい女養成講座』

『なぜか「HAPPY」な女性の習慣』

『なぜか「美人」に見える女性の習慣』

『いい女の教科書』

『いい女恋愛塾』

『やさしいだけの男と、別れよう。』

『「女を楽しませる」ことが男の最高の仕事。』

『いい女練習帳』

『男は女で修行する。』

学研プラス

『美人力』(ハンディ版)

『嫌いな自分は、捨てなくていい。』

『美人力』

【阪急コミュニケーションズ】

『いい男をつかまえる恋愛会話力』

『サクセス&ハッピーになる50の方法』

あさ出版

『「いつまでもクヨクヨしたくない」とき読む本』

『「イライラしてるな」と思ったとき読む本』

きずな出版

『いい女は「紳士」とつきあう。』

『ファーストクラスに乗る人の発想』

『いい女は「言いなりになりたい男」とつきあう。』

『ファーストクラスに乗る人の人間関係』

『いい女は「変身させてくれる男」とつきあう。』

『ファーストクラスに乗る人の人脈』

『ファーストクラスに乗る人のお金2』

『ファーストクラスに乗る人の仕事』

『ファーストクラスに乗る人の教育』

『かわいがられる人は、うまくいく。』

『すぐやる人は、うまくいく。』

リベラル社

『問題解決のコツ』

『リーダーの技術』

『結果を出す人の話し方』(水王舎)

『一流のナンバー2』(毎日新聞出版)

『なぜ、あの人は「本番」に強いのか』(ぱる出版)

『「お金持ち」の時間術』(二見書房・二見レインボー文庫)

『仕事は、最高に楽しい。』(第三文明社)

『「反射力」早く失敗してうまくいく人の習慣』(日本経済新聞出版社)

『伝説のホストに学ぶ82の成功法則』(総合法令出版)

『リーダーの条件』(ぜんにち出版)

『成功する人の一見、運に見える小さな工夫』(ゴマブックス)

『転職先はわたしの会社』(サンクチュアリ出版)

『あと「ひとこと」の英会話』(DHC)

恋愛論・人生論

ダイヤモンド社

『なぜあの人は感情的にならないのか』

『なぜあの人は感情的にならないのか』

『なぜあの人は逆境に強いのか』

『25歳までにしなければならない59のこと』

『大人のマナー』

『あなたが「あなた」を超えるとき』

『中谷彰宏金言集』

『「キレない力」を作る50の方法』

『お金は、後からついてくる。』

『中谷彰宏名言集』

『30代で出会わなければならない50人』

『20代で出会わなければならない50人』

『あせらず、止まらず、退かず。』

『明日がワクワクする50の方法』

『なぜあの人は10歳若く見えるのか』

『成功体質になる50の方法』

『運のいい人に好かれる50の方法』

『本番力を高める57の方法』

『運が開ける勉強法』

『ラスト3分に強くなる50の方法』

『答えは、自分の中にある。』

『思い出した夢は、実現する。』

『面白くなければカッコよくない』

『たった一言で生まれ変わる』

『スピード自己実現』

『スピード開運術』

『20代自分らしく生きる45の方法』

『受験の達人2000』

『大人になる前にしなければならない50のこと』

『会社で教えてくれない50のこと』

『大学時代しなければならない50のこと』

『あなたに起こることはすべて正しい』

【PHP研究所】

『出会いにひとつのムダもない』

『お客様がお客様を連れて来る』

『お客様にしなければならない50のこと』

『30代でしなければならない50のこと』

『20代でしなければならない50のこと』

『なぜあの人の話に納得してしまうのか』

『なぜあの人は気がきくのか』

『なぜあの人はお客さんに好かれるのか』

『なぜあの人は時間を創り出せるのか』

『なぜあの人は運が強いのか』

『なぜあの人にまた会いたくなるのか』

『なぜあの人はプレッシャーに強いのか』

ファーストプレス

『「超一流」の会話術』

『「超一流」の分析力』

『「超一流」の構想術』

『「超一流」の整理術』

『「超一流」の時間術』

『「超一流」の行動術』

『「超一流」の勉強法』

『「超一流」の仕事術』

PHP研究所

『[図解]お金も幸せも手に入れる本』

『もう一度会いたくなる人の聞く力』

『もう一度会いたくなる人の話し方』

『【図解】仕事ができる人の時間の使い方』

『仕事の極め方』

『【図解】「できる人」のスピード整理術』

『【図解】「できる人」の時間活用ノート』

PHP文庫

『中谷彰宏　仕事を熱くする言葉』

『入社3年目までに勝負がつく77の法則』

【オータパブリケイションズ】

『せつないサービスを、胸きゅんサービスに変える』

『レストラン王になろう2』

『改革王になろう』

『サービス王になろう2』

『サービス刑事』

あさ出版

『気まずくならない雑談力』

『人を動かす伝え方』

『なぜあの人は会話がつづくのか』

学研プラス

『チャンスをつかむプレゼン塾』

文庫『怒らない人は、うまくいく。』

『迷わない人は、うまくいく。』

文庫『すぐやる人は、うまくいく。』

『シンプルな人は、うまくいく。』

『見た目を磨く人は、うまくいく。』

『決断できる人は、うまくいく。』

『会話力のある人は、うまくいく。』

『片づけられる人は、うまくいく。』

『怒らない人は、うまくいく。』

『ブレない人は、うまくいく。』

中谷 彰宏
主な作品一覧

ビジネス

ダイヤモンド社

『50代でしなければならない55のこと』

『なぜあの人の話は楽しいのか』

『なぜあの人はすぐやるのか』

『なぜあの人の話に納得してしまうのか[新版]』

『なぜあの人は勉強が続くのか』

『なぜあの人は仕事ができるのか』

『なぜあの人は整理がうまいのか』

『なぜあの人はいつもやる気があるのか』

『なぜあのリーダーに人はついていくのか』

『なぜあの人は人前で話すのがうまいのか』

『プラス1%の企画力』

『こんな上司に叱られたい。』

『フォローの達人』

『女性に尊敬されるリーダーが、成功する。』

『就活時代しなければならない50のこと』

『お客様を育てるサービス』

『あの人の下なら、「やる気」が出る。』

『なくてはならない人になる』

『人のために何ができるか』

『キャパのある人が、成功する。』

『時間をプレゼントする人が、成功する。』

『ターニングポイントに立つ君に』

『空気を読める人が、成功する。』

『整理力を高める50の方法』

『迷いを断ち切る50の方法』

『初対面で好かれる60の話し方』

『運が開ける接客術』

『バランス力のある人が、成功する。』

『逆転力を高める50の方法』

『最初の3年その他大勢から抜け出す50の方法』

『ドタン場に強くなる50の方法』

『アイデアが止まらなくなる50の方法』

『メンタル力で逆転する50の方法』

『自分力を高めるヒント』

『なぜあの人はストレスに強いのか』

『スピード問題解決』

『スピード危機管理』

『一流の勉強術』

『スピード意識改革』

『お客様のファンになろう』

『大人のスピード時間術』

『なぜあの人は問題解決がうまいのか』

『しびれるサービス』

『大人のスピード説得術』

『お客様に学ぶサービス勉強法』

『大人のスピード仕事術』

『スピード人脈術』

『スピードサービス』

『スピード成功の方程式』

『スピードリーダーシップ』

『大人のスピード勉強法』

『一日に24時間もあるじゃないか』

中谷 彰宏 （なかたに・あきひろ）

1959年、大阪府生まれ。早稲田大学第一文学部演劇科卒業。

84年、博報堂に入社。CMプランナーとして、テレビ、ラジオCMの企画、演出をする。

91年、独立し、株式会社中谷彰宏事務所を設立。ビジネス書から恋愛エッセイ、小説まで、多岐にわたるジャンルで、数多くのロングセラー、ベストセラーを送り出す。

「中谷塾」を主宰し、全国で講演・ワークショップ活動を行っている。

＊本の感想など、どんなことでもお手紙を楽しみにしています。他の人に読まれることはありません。**僕は本気で読みます。**

中谷彰宏

〒170-8457
東京都豊島区南大塚2-29-7
ＫＫベストセラーズ　書籍編集部気付
中谷彰宏　行

【中谷彰宏　公式サイト】http://www.an-web.com/

中谷彰宏は、盲導犬育成事業に賛同し、この本の印税の一部を（財）日本盲導犬協会に寄付しています。

EYE LOVE EYE

視覚障害その他の理由で活字のままでこの本を利用できない人のために、営利を目的とする場合を除き「録音図書」「点字図書」「拡大写本」等の製作をすることを認めます。その際は著作権者、または出版社までご連絡ください。

昨日《きのう》の自分《じぶん》にこだわらない
一歩《いっぽ》踏《ふ》み出《だ》す5つの考《かんが》え方《かた》

2017年2月25日　初版第1刷発行

著者　中谷彰宏《なかたにあきひろ》

発行者　栗原武夫

発行所　KKベストセラーズ
〒170-8457 東京都豊島区南大塚2-29-7
電話:03-5976-9121

DTP　株式会社オノ・エーワン

印刷所　近代美術株式会社

製本所　株式会社積信堂

定価はカバーに表示してあります。

乱丁・落丁本がございましたらお取り替えいたします。

本書の内容の一部あるいは全部を無断で複製複写(コピー)することは、法律で認められた場合を除き、著作権および出版権の侵害になりますので、その場合はあらかじめ小社あてに許諾を求めてください。


ISBN978-4-584-13777-2 C0030

©Akihiro Nakatani, printed in japan, 2017